Vos premiers pas vers la liberté financière : Gérer, économiser, et investir quand on part de zéro

Un livre sans jargon pour jeunes, débutants et futurs investisseurs décomplexés

Pascal ROLAND

À mon fils, Nicolas

Ce livre est une boussole pour ton avenir, un modeste compagnon pour tes premiers pas dans le monde adulte et la gestion de ton argent.

J'espère que ces pages t'aideront à poser les bons choix, à éviter les pièges et à construire, pas à pas, une vie financière sereine. Puisse-t-il t'aider à forger ta liberté et à éclairer d'autres jeunes sur le même chemin.

SOMMAIRE

Introduction/Préface

Plus que jamais, l'argent s'invite dans notre quotidien.

Partout, les mêmes inquiétudes résonnent : manque de moyens, fins de mois compliquées, coût de la vie en hausse, fiscalité écrasante... L'angoisse grandit face à l'avenir : stabilité de l'emploi incertaine, retraites en péril, pouvoir d'achat en berne. Ce sentiment d'insécurité financière traverse toutes les sphères : en famille, entre amis, dans les médias.

Chaque jour, nous sommes amenés à faire des choix financiers, qu'ils soient anodins ou déterminants : où faire ses courses, acheter ou non ce qui nous fait envie, planifier des vacances, gérer ses dépenses, louer ou acheter son logement, investir en bourse ou dans l'immobilier ? Des décisions que tout le monde affronte, souvent à l'instinct, sans boussole claire. Le court terme prend le dessus. La gratification immédiate prime sur la stratégie.

Avec la santé, l'argent est l'un des sujets les plus anxiogènes, et pourtant, l'un des moins enseignés. On nous apprend à lire, écrire, résoudre des équations complexes... mais pas à gérer un budget, à épargner avec méthode, à investir de façon raisonnée ou à préparer sa retraite.

Dès nos premiers revenus, que ce soit grâce à un job étudiant ou à notre premier salaire, nous avons dû faire des choix importants : tout dépenser ? Épargner ? Mais comment ? Avec quel objectif ? Hélas, ces décisions se prennent souvent par imitation, sans réelle réflexion. On suit ce que font les autres : un compte dans une grande banque, un livret d'épargne, un achat immobilier pour ne plus jeter son argent par les fenêtres. Et surtout : pas de risque.

Combien de fois ai-je entendu : « investir en bourse, c'est comme aller au casino » ?

Ce type de croyance, profondément ancrée, découle du manque d'éducation financière. Oui, certains placements sont risqués, mais d'autres sont fiables, performants, et bien plus efficaces que de laisser dormir son argent sur un compte à 0,5 % d'intérêt.
Face à la complexité apparente de la finance, beaucoup se sentent paralysés. Certains pensent qu'il faut être expert, discipliné, ou passionné pour gérer son argent. D'autres trouvent le sujet trop abstrait, trop ennuyeux.

Résultat : on évite la question. Jusqu'au jour où l'on regrette.
« Si j'avais su... J'aurais commencé à investir bien plus tôt. »

Le problème est renforcé par un tabou tenace : l'argent ne se discute pas. Il est mal vu de parler de ses revenus, de son épargne, de ses investissements. Par pudeur, par crainte du jugement, par peur d'être jalousé.

Personnellement, je ne sais pas combien gagnent mes amis les plus proches et ils n'ont aucune idée de ma situation financière. Ce silence nous prive pourtant d'un apprentissage précieux : celui que l'on tire des expériences des autres.

Ayant travaillé plusieurs décennies dans le monde de la finance, j'ai souvent été surpris par la méconnaissance des principes de gestion financière, y compris dans ce secteur. Des cadres ignorants de leur fiscalité, des entrepreneurs mal conseillés, des investisseurs guidés par la peur ou l'enthousiasme du moment, sans stratégie durable. J'ai vu des amis laisser dormir leur épargne sur des comptes à frais élevés, par simple inertie.

À l'école, aucun cours ne prépare à gérer ses finances personnelles. Même dans les écoles de commerce, on apprend à gérer l'argent des entreprises mais pas le sien. On nous forme à travailler pour gagner de l'argent, pas à utiliser l'argent comme un levier de liberté.

Alors, on se débrouille comme on peut, souvent avec de fausses croyances ou des demi-vérités, véhiculées par l'entourage ou Internet. C'est là que ce livre intervient.

Je l'ai écrit pour vous aider concrètement.

Mon objectif : démystifier la finance personnelle et vous proposer une méthode simple, accessible, pour reprendre en main vos finances et gagner en sérénité.

Pas besoin d'être expert pour gérer son argent intelligemment. Avec quelques principes clairs, des outils adaptés, et une démarche progressive, vous pouvez faire des progrès rapides et durables.

Dans ce livre, vous trouverez :

✓ des concepts fondamentaux expliqués simplement
✓ des exemples concrets de situations vécues
✓ des exercices pratiques pour progresser pas à pas
✓ des conseils qui renforcent l'autonomie et la confiance

Mais une chose est essentielle : l'argent n'est qu'un outil. L'objectif n'est pas de l'accumuler pour lui-même. Bien gérer votre argent, c'est avant tout vous offrir la liberté de choisir la vie que vous voulez, et pourquoi pas, d'avoir un impact positif autour de vous.

Alors, prêt à entamer ce voyage vers plus de clarté, d'aisance et de liberté financière ?

Allons-y.

Chapitre 1 : Psychologie de l'argent

Et si le secret pour attirer plus d'argent résidait en nous ?

Chaque décision financière que nous prenons repose à la fois sur les informations dont nous disposons à un instant donné et sur les croyances que nous avons forgées au fil de notre vie.

Ces croyances façonnent notre perception du monde et influencent nos choix, souvent de manière inconsciente. Elles se construisent par la répétition de messages reçus, par l'observation des comportements des autres, et à travers nos propres expériences.

La plupart de nos croyances financières remontent à l'enfance, transmises par nos parents, notre éducation, ou la société. Elles sont profondément ancrées en nous, sous forme de dictons, de normes implicites, ou d'injonctions parentales.

Certaines croyances sont positives et stimulantes, nous encourageant à avancer et à améliorer notre vie : « Si je le veux vraiment, je peux y arriver. », « Il n'est jamais trop tard pour apprendre. », « L'argent est un outil puissant pour bâtir un avenir serein. » D'autres, en revanche, sont limitantes et freinent nos actions : « Je ne vaux rien. », « Il faut souffrir pour gagner de l'argent. », « L'argent change les gens.». Seuls les experts en finance peuvent bien gérer leur argent.

Exemple 1 *: Nathalie, 46 ans, juriste, a grandi dans une famille où l'argent était toujours source de tension. Ses parents répétaient souvent : "L'argent ne pousse pas sur les arbres" et "Les riches sont tous des profiteurs". En grandissant, Nathalie a inconsciemment adopté ces croyances, ce qui l'a freinée dans sa carrière et son développement financier. Elle avait peur de mettre en avant ses* *prétentions financières lors des entretiens d'embauche, d'oser demander une augmentation, et évitait les investissements, pensant que l'argent était une source de stress. Ce n'est qu'après avoir pris conscience de ces croyances limitantes qu'elle a pu les déconstruire et changer sa relation avec l'argent.*

Comme le montre l'exemple de Nathalie, nos croyances influencent nos finances car elles dictent souvent nos choix. Nous agissons très souvent en accord avec elles, même sans en avoir pleinement conscience.

Par exemple, ceux qui affirment que l'argent ne fait pas le bonheur ont souvent, sans s'en rendre compte, décidé qu'ils n'en auront jamais. Mais si l'argent ne garantit pas le bonheur, manquer d'argent rend-il plus heureux ? La réponse est évidente. Certaines personnes aisées ou riches sont malheureuses, mais leur mal-être est rarement lié à l'argent lui-même ; il découle plutôt de choix de vie inadaptés.

Si l'on vous a toujours répété que la bourse est un casino où l'on peut perdre toutes ses économies, vous éviterez probablement d'y investir et passerez ainsi à côté d'une source de revenus potentiellement intéressante. À l'inverse, si vous êtes convaincu que seul l'immobilier mène à la richesse, vous concentrerez tous vos investissements dans ce domaine, en ignorant d'autres opportunités lucratives.

Exemple 2 : *Christophe, 27 ans, maçon, s'est rendu compte qu'il associait la richesse à l'égoïsme, car son père lui disait souvent que les riches ne pensent qu'à eux. En analysant cette croyance, il a compris que cette idée venait d'une frustration personnelle de son père et n'était pas une vérité universelle. Il a aussi pris conscience que cette croyance le culpabilisait de gagner de l'argent.*

Nos choix financiers sont aussi le reflet de notre vécu. Nos expériences personnelles, qu'elles soient positives ou négatives, façonnent notre rapport à l'argent. Une personne ayant subi une lourde perte en spéculant sur les cryptomonnaies sera sans doute réticente à y revenir, renonçant ainsi à une possibilité de diversification.

Poser ses limites

L'une des compétences les plus difficiles à acquérir dans la gestion de son argent est de savoir poser des limites. La gratification immédiate prime souvent sur la stratégie. Beaucoup de personnes dépensent tout ce qu'elles gagnent et, même après une augmentation de salaire, ajustent leur niveau de vie en conséquence, sans réellement épargner. Dans les cas extrêmes, on a vu des gagnants de la loterie qui, quelques années plus tard, se retrouvent ruinés, voire lourdement endettés, faute d'avoir su gérer leur fortune.

Pour certaines personnes, le désir d'adopter un mode de vie axé sur le plaisir et la satisfaction immédiate prend souvent le pas sur une gestion financière équilibrée. « Si je veux quelque chose, je l'achète tout de suite », quitte à y consacrer la totalité de leurs revenus, voire à s'endetter. Ce choix revient à privilégier le confort du présent au détriment de la sécurité future.

Si vous tenez ce livre entre vos mains et que vous vous reconnaissez parfois dans cette attitude, c'est peut-être le signe qu'au fond, ce n'est pas vraiment ce que vous souhaitez. Il est alors essentiel d'apprendre à fixer des limites, notamment dans vos habitudes de consommation.

Changer ses croyances

Quel que soit le niveau de revenu, ce n'est pas l'argent en lui-même qui résout le problème, mais bien un changement d'état d'esprit.

Il est donc essentiel d'identifier nos croyances liées à l'argent et, si nécessaire, de les transformer. Car au final, ce sont elles qui déterminent notre succès ou notre échec en matière de gestion financière.

Très souvent, nous nous racontons des histoires et nous nous limitons nous-mêmes, nous empêchant de changer une situation insatisfaisante. Est-ce la peur du changement ? Est-ce de la complaisance dans notre schéma actuel ? Il est bien plus facile de se plaindre de son salaire trop bas ou de son manque de chance que de prendre sa vie en main et de tenter de la changer.

La plus grande différence de mentalité entre ceux qui ont de l'argent et ceux qui n'en ont pas assez réside dans leur capacité à voir des opportunités plutôt que des obstacles. Par exemple, quand l'un pense qu'il n'a pas assez d'argent pour se permettre quelque chose, l'autre se demande comment faire pour se le permettre.

Si vous avez du mal à attirer l'argent et/ou si vous avez des difficultés à le conserver, il est probable que vous entreteniez des croyances limitantes qui sabotent inconsciemment vos efforts.

Voici la méthode en 5 étapes pour les transformer et changer d'état d'esprit.

Étape 1 :
Reprenez vos réponses des exercices 1 et 2 à la fin de ce chapitre pour identifier les croyances qui, selon vous, vous empêchent d'atteindre le niveau d'argent désiré.

Exemple 1 : Il faut travailler dur pour faire de l'argent.

Exemple 2 : Je ne serai jamais riche.

Étape 2 :
Transformez ces croyances limitantes en affirmations positives pour reprogrammer votre subconscient et changer votre perception de l'argent.

Exemple 1 : Je crée facilement de la valeur pour les autres et cela me rapporte de l'argent. Cet argent travaille pour moi, me permettant d'en obtenir davantage avec moins d'effort.

Exemple 2 : J'ai autant de valeur que n'importe qui et je mérite une vie abondante. Répétez ces affirmations chaque jour, en essayant de les visualiser pour les ressentir pleinement.

Étape 3 : Observez des personnes prospères qui utilisent leur argent de manière éthique et inspirante. Lisez des biographies d'entrepreneurs ou de philanthropes qui ont utilisé leur fortune pour impacter positivement le monde.

En vous exposant à des modèles positifs de richesse, vous commencerez à changer votre perception de l'argent et à l'associer à des valeurs qui vous inspirent.

Étape 4 :
Fréquentez des entrepreneurs, des investisseurs ou des individus ayant une vision saine de l'argent. Leur état d'esprit finira par influencer le vôtre.

Étape 5 :
Posez-vous cette question : Que ferais-je de différent si j'avais 1 million d'euros sur mon compte en banque ? 10 millions ?
Si la réponse implique des craintes (jalousie de la famille, perte d'amis, peur de me faire arnaquer...), plutôt que des opportunités, il est essentiel de travailler sur votre état d'esprit pour voir l'argent comme un atout et non un poids.

Gérer ses finances n'est pas difficile

L'une des idées reçues les plus tenaces en matière d'argent, c'est qu'il faut être expert, y consacrer des heures et faire preuve d'une discipline de fer pour bien gérer ses finances.

Bonne nouvelle : c'est faux.

Comme beaucoup d'autres choses dans la vie, les finances paraissent complexes... jusqu'à ce qu'on en comprenne les bases.

Ensuite, tout devient beaucoup plus clair.

Exemple 3 : *Valérie avait peur d'investir car elle pensait que c'était trop risqué et elle préférait garder son argent en banque, même si elle savait que les rendements étaient ridicules et que son argent perdait de la valeur chaque jour. En apprenant à gérer les risques et en s'entourant de mentors, elle a réalisé que l'investissement était un moyen puissant de faire croître son patrimoine.*

Le vrai point de départ, c'est votre état d'esprit. Si vous n'avez jamais appris à gérer votre argent, cela ne veut absolument pas dire que vous en êtes incapable. C'est comme apprendre à conduire, cuisiner ou parler une nouvelle langue : ça demande quelques bases, un peu de pratique, et c'est à la portée de tout le monde. Ce livre est là pour vous guider pas à pas.

Autre bonne nouvelle : gérer son argent ne prend pas un temps fou. Une fois les bons réflexes en place, quelques dizaines de minutes par mois suffisent largement. Avec des habitudes simples et efficaces, vous pouvez améliorer votre situation financière sans y passer vos soirées ni sacrifier vos week-ends.

Et surtout, la gestion de votre argent ne devrait pas être une source d'angoisse. Au contraire, c'est un outil de liberté. Plus vous prenez le contrôle, plus vous vous donnez la chance de vivre selon vos propres règles.

En résumé, changer votre relation à l'argent ne se fait pas en un claquement de doigts. Mais en faisant évoluer vos croyances, en vous entourant des bonnes personnes et en adoptant des habitudes saines, que nous allons explorer ensemble dans les chapitres suivants, vous allez peu à peu transformer votre vie financière... et personnelle.

Exercice 1 : Identifiez vos croyances

Prenez 30 min pour réfléchir et pour identifier vos croyances les plus importantes par rapport à l'argent. Sur une feuille blanche, mettez toutes les croyances/dictons qui ressortent quand vous pensez à l'argent et à ceux qui en ont.

Ensuite, prenez une autre feuille et mettez ces croyances dans deux colonnes :

1. limitantes et 2. aidantes.

- Que remarquez-vous ?
- Quelles croyances sont-elles les plus dominantes ? les aidantes ou les limitantes ?
- Quels sont les avantages et inconvénients de chacune de ces croyances ?
- Quelles sont les sources de ces croyances ?
- Quels sont les exemples que vous avez eus autour de vous qui ont confirmé ces croyances ?
- En quoi ces croyances sont toujours vraies ?
- Quels sont les contre-exemples qui les ont démenties ?

Exercice 2: **Déterminez votre relation à l'argent**

- Comment définissez-vous l'argent ?
- Qu'est-ce pour vous avoir de l'argent ?
- Quel est le rôle de l'argent dans votre vie ? Est-ce un moyen ? un but à atteindre ?
- Pouvez-vous quantifier de combien d'argent vous auriez besoin pour vous sentir à l'aise dans votre vie ?
- Ou vous trouvez-vous aujourd'hui par rapport à cette situation ?

Exercice 3 : Imaginez votre vie dans 5 ans avec une relation positive à l'argent.

- Quels changements avez-vous opérés ?
- Quel genre de vie avez-vous ?
- Quels objectifs avez-vous atteints ?

Notez cette vision et lisez-la régulièrement pour rester motivé.

Chapitre 2 :
Déterminer ses objectifs de vie

Pris dans le tourbillon du quotidien, beaucoup avancent dans la vie avec une vision incertaine et des objectifs flous : faire des études, décrocher un bon emploi, fonder une famille, acheter une maison, préparer sa retraite... Autant d'étapes prédéfinies, suivies presque machinalement, sans véritable réflexion personnelle. Absorbés par les contraintes de tous les jours, ils poursuivent leur chemin sans vraiment s'interroger sur ce qu'ils désirent profondément, ni sur le type de vie qu'ils aimeraient réellement construire.

Le temps file. Et un jour, ils se réveillent avec une étrange sensation d'être passés à côté de leur vie. Un sentiment de vide diffus, rapidement étouffé par les tâches urgentes : terminer un rapport, payer une facture, aller chercher les enfants... Alors ils replongent dans leur routine, repoussant à plus tard cette question qu'ils n'osent plus affronter : **« Est-ce vraiment la vie que je voulais ? »**.

Parfois, un malaise plus profond émerge : stagnation, frustration sourde, insatisfaction diffuse. Ils se demandent pourquoi leur vie ne correspond pas à leurs attentes, mais plutôt que d'agir, ils se laissent porter, incapables de briser le cycle.

Changer demande du courage, de l'effort et, surtout, une remise en question inconfortable. Beaucoup préfèrent rester dans l'illusion du confort. Ils se persuadent qu'ils ont tout ce qu'il faut, qu'il serait inutile de tout remettre en cause. Et ainsi, les jours deviennent des années. Jusqu'à ce qu'ils réalisent que l'opportunité de changer leur vie leur a glissé entre les doigts, non par manque de chance, mais par peur et par inertie.

Parfois, c'est la vie elle-même qui les pousse au changement, comme le montre l'exemple suivant.

Exemple 1 *: Charles, 52 ans, directeur d'agence bancaire, a travaillé sans interruption après ses études. Sûr de son avenir, il a contracté un emprunt pour acheter une grande maison. Confiant dans la progression de ses revenus, il a adopté un style de vie luxueux : voyages lointains, voiture haut de gamme, restaurants gastronomiques… Il dépensait sans crainte, certain que sa réussite était acquise.*

Mais la vie réserve des surprises. Lors d'une restructuration, Charles a perdu son emploi. Sonné, il a rapidement dû faire face à la réalité : malgré ses indemnités de licenciement, ses économies étaient insuffisantes pour tenir très longtemps. Après de longues recherches, il a dû accepter un poste avec un salaire réduit de 30 %. Contrainte douloureuse : revoir drastiquement son niveau de vie, et envisager la vente de sa maison.

Le cas de Charles est loin d'être isolé. Aujourd'hui, même les emplois les plus stables peuvent disparaître.

Que pouvait-il faire pour éviter cette situation ?

- Construire une épargne de précaution (l'équivalent de six mois de dépenses).
- Investir pour générer des revenus passifs (bourse, immobilier locatif…).
- Se former continuellement pour augmenter son employabilité.
- Vivre en-deçà de ses moyens, même pendant les périodes de prospérité.

Se poser les bonnes questions

Qu'est-ce que la réussite signifie pour vous ?

Quels éléments sont essentiels à votre bonheur et à votre épanouissement ?

Quelles concessions êtes-vous prêt à faire pour atteindre vos ambitions ?

Réfléchir sincèrement à ces questions est une étape fondamentale.

Répondre clairement, puis transformer vos réponses en objectifs concrets, vous permettra d'agir avec sens et détermination.

Un proverbe populaire dit :
« Si vous n'avez pas d'objectifs, vous êtes condamné à travailler pour ceux qui en ont. »

Fixer ses propres objectifs, c'est choisir la direction de sa vie au lieu de la subir. Des objectifs clairs renforcent la motivation, donnent du sens aux efforts et facilitent la gestion des imprévus.

La clarté, c'est la puissance !

Sans elle, il est facile de se perdre dans le quotidien, en oubliant ce qui compte vraiment. Or, les objectifs de vie sont souvent liés à l'argent, car la plupart des projets nécessitent une stabilité financière minimale.

Qu'il s'agisse d'acheter votre maison, d'épargner pour les études de vos enfants, de préparer votre retraite, ou simplement de vivre sereinement, des objectifs clairs transforment l'argent en outil au service de votre vie, et non en finalité vide de sens.

Sans objectifs clairs, installer de bonnes habitudes financières comme établir et suivre un budget ou faire des économies pour épargner régulièrement peut sembler inutile, voire décourageant. Les objectifs jouent un rôle essentiel : ils permettent de se projeter dans l'avenir tout en apportant des améliorations concrètes au présent.
En définissant précisément ce que l'on souhaite accomplir, on devient plus enclin à prioriser ses dépenses et à réduire celles qui sont impulsives ou inutiles. Les objectifs transforment vos aspirations vagues en réalités tangibles, donnant ainsi un véritable sens aux efforts fournis.

Visualiser son style de vie idéal

Une approche efficace pour définir vos objectifs consiste à réfléchir au style de vie que vous souhaitez mener.
S'il s'agit de maintenir votre niveau de vie actuel, la question devient alors : « **De quoi ai-je besoin pour le maintenir ?** »

Si vous pouvez visualiser vos objectifs avec précision en vous imaginant les avoir déjà atteints, une forme de passion et de motivation se développera naturellement. Cet état d'esprit joue un rôle clé pour entretenir la discipline et la persévérance nécessaires à la réalisation de vos ambitions.

Accepter le facteur temps

La notion de temps est primordiale. Il serait irréaliste de croire que l'on atteindra la vie souhaitée en une seule année. Chaque projet demande des efforts et la planification détaillée des étapes est toujours un excellent point de départ.

Parmi les exemples d'objectifs à court-terme, on trouve la création d'un budget, l'achat d'une nouvelle télévision, l'élimination de ses dettes, l'épargne pour ses vacances d'été,...

Parmi les objectifs à moyen-terme, on peut citer : financer son mariage, acheter un bien immobilier, constituer un portefeuille de titres, commencer un nouveau business,...

Parmi les objectifs long-terme, on peut trouver : se sentir en sécurité financière, créer un revenu passif de 2000 EUR/mois, préparer sa retraite,...

Les objectifs à court terme ont l'avantage d'être souvent plus facilement atteignables. Chaque succès construit la confiance nécessaire pour viser ensuite des objectifs à moyen et long terme.

Comme toujours avec l'argent, la dimension psychologique ne doit pas être négligée : identifier des étapes intermédiaires et construire une stratégie réaliste est fondamental.

Exemple :
Si votre objectif à long terme est d'atteindre une sécurité financière, vous pouvez le décliner en plusieurs objectifs intermédiaires :

- Court terme : créer un budget et épargner 15 % de vos revenus mensuels.
- Moyen terme : constituer un fonds de réserve équivalent à six mois de dépenses pour parer aux imprévus.

Rappel essentiel : L'argent n'est pas une fin en soi. C'est un moyen pour atteindre vos véritables objectifs : liberté, sérénité, projets de vie.

Construire son plan d'action

Une fois les objectifs classés par ordre de priorité, il vous faudra identifier les ressources nécessaires et les efforts requis pour concrétiser chaque projet, vous pourrez alors construire un plan d'action structurant et adapté.

Pour affiner vos objectifs, la méthode S.M.A.R.T. est un excellent outil :

- **Spécifique (S)** : L'objectif doit être clair et précis.
Exemple : « Épargner 2 500 € pour louer une maison en Espagne cet été » au lieu de « Épargner pour les vacances ».
- **Mesurable (M)** : Vous devez pouvoir mesurer vos progrès.
Exemple : « Épargner 250 € par mois pendant 10 mois ».
- **Attribuable (A)** : L'objectif doit être sous votre responsabilité.
Exemple : « C'est à moi d'épargner 250 € par mois ».

- **Réaliste (R)** : L'objectif doit être réalisable compte tenu de votre situation.
  Exemple : « Mes revenus permettent-ils réellement d'épargner 250 € par mois ? ».
- **Temporel (T)** : Fixez une échéance.
  Exemple : « Avoir les 2 500 € d'ici début juillet ».

Exemple 2 *: Philippe, 29 ans, un jeune homme passionné par l'entrepreneuriat mais qui, par manque de clarté sur ses objectifs, a passé des années à travailler dans un emploi dans l'administration qui ne le satisfaisait pas. Il rêvait de lancer sa propre boutique en ligne, mais repoussait sans cesse son projet faute de planification précise et de stratégie financière. En prenant le temps d'établir des objectifs concrets et en divisant son projet en étapes atteignables, il a pu progressivement réaliser son ambition. Aujourd'hui, grâce à une vision claire et une gestion rigoureuse de ses finances, il est à sa troisième boutique en ligne et vit de sa passion.*

Revoir périodiquement vos objectifs

Vos objectifs évoluent au fil du temps, tout comme votre environnement et vos aspirations. Ce qui vous semblait essentiel il y a quelques années peut aujourd'hui paraître secondaire.

Par exemple : un mariage, un changement professionnel, la naissance d'un enfant... autant d'événements qui bouleversent nos priorités. Il est donc indispensable de voir vos objectifs comme des repères flexibles, à ajuster régulièrement selon votre situation et nos envies.

J'ai personnellement vécu cette réalité lorsque, après plusieurs années à me focaliser sur ma carrière, la naissance de mon enfant a radicalement transformé mes priorités. Désormais, l'équilibre entre réussite professionnelle et disponibilité familiale est au cœur de mes choix — et cela a naturellement eu des impacts sur mes objectifs financiers.

Vous devez revisiter régulièrement vos objectifs tous les mois, non seulement pour vérifier vos progrès mais aussi pour confirmer qu'ils sont toujours alignés avec vos désirs et votre réalité.

Pour que vos objectifs demeurent réalistes et atteignables, il est essentiel d'avoir une compréhension précise de votre situation financière actuelle. Cela passe par une vision claire de l'ensemble de vos revenus, de vos dépenses, de votre épargne, de vos biens, mais aussi de vos dettes et de vos engagements financiers.

Plus votre vision de votre situation est claire, plus vous pourrez fixer des objectifs alignés avec votre réalité, sans tomber dans le piège des rêves inaccessibles. Cette lucidité vous donne un avantage précieux : celui d'avancer avec confiance, en sachant que chaque pas vous rapproche un peu plus de ce que vous voulez vraiment atteindre.

Dans le prochain chapitre, nous allons construire ensemble **votre bilan financier personnel,** une étape indispensable pour bâtir des bases solides et sereines pour vos projets futurs.

Exercice 1 : Analysez votre situation personnelle

Imaginez que vous perdiez votre emploi demain.

Comment votre situation financière serait-elle impactée ?

- Quels ajustements pourriez-vous faire dès aujourd'hui pour vous sentir mieux ?

Exercice 2 : Déterminez vos objectifs de vie.

- Quel style de vie voulez-vous mener ?
- Quels sont les 10 éléments essentiels dont vous aurez besoin pour ce style de vie ?

Visualisez vos objectifs avec précision. Imaginez-vous les avoir atteints. Cet exercice développe naturellement passion et motivation, et renforce votre discipline sur le long terme.

Exercice 3 : **Classez vos objectifs par temporalité et priorité**

- Classez vos objectifs en objectifs court-terme (0-1 an), moyen-terme (1- 5 ans) et long-terme (5 ans et plus).
- Classez les également par priorité.

Exercice 4 : Rendez vos objectifs percutants

- Appliquez à chacun de vos objectifs la méthode S.M.A.R.T. afin de les rendre plus concrets . Pour les plus complexes, divisez les en sous-objectifs en leur donnant une valeur financière.
- De combien d'argent avez-vous besoin par mois pour atteindre l'objectif désiré ? Attention à ne pas oublier de considérer pour les objectifs moyens et long terme un taux d'inflation réaliste (3-4%).

Exercice 5 : Réactualisez vos objectifs

- Quels événements ont modifié vos priorités au cours des cinq dernières années ?
- Notez trois objectifs que vous aviez auparavant et demandez-vous s'ils sont toujours pertinents aujourd'hui. Si ce n'est pas le cas, ajustez-les ou remplacez-les par de nouveaux objectifs mieux alignés avec votre situation actuelle. Cet exercice vous aidera à rester en phase avec vos aspirations réelles et à maintenir une dynamique positive dans votre progression.

Chapitre 3 :
Comprendre ses finances

Comprendre vos finances est une étape essentielle pour améliorer votre situation économique et vous projeter sereinement dans l'avenir.

Avoir une vision claire de vos finances personnelles permet de réduire l'incertitude, de mieux gérer les imprévus et de prendre des décisions en adéquation avec vos objectifs de vie. Lorsque vous comprenez d'où proviennent vos revenus (ce point est généralement simple) mais surtout où vont vos dépenses, vous êtes en mesure de reprendre le contrôle et de mettre en place des stratégies pour faire fructifier votre capital, par l'épargne et les investissements

***Exemple 1**: Sophie, 42 ans, divorcée, sans enfants, était cadre dans le marketing et gagnait un salaire confortable de 6 000 € net par mois. Elle vivait aisément, dans un bel appartement qu'elle louait dans un quartier prisé, roulait en voiture haut de gamme en leasing, et partait en vacances plusieurs fois par an. Ses revenus lui permettaient de ne jamais se soucier de ses dépenses. À chaque fin de mois, un solde restait sur son compte, et elle avait l'impression de bien gérer ses finances.*

Un jour, elle décida de s'intéresser à l'investissement immobilier et consulta un conseiller financier. Celui-ci lui demanda quel était son niveau d'épargne et quels actifs elle détenait. Sophie répondit sans hésiter qu'elle avait de bons revenus, mais elle se rendit vite compte qu'elle n'avait pratiquement rien mis de côté.

Ses comptes d'épargne ne comportaient que 15 000 €, et elle n'avait aucun investissement à part son assurance groupe, fournie par son entreprise, mais qu'elle ne consultait jamais. Curieuse, elle fit un bilan de ses finances et fut choquée par ce qu'elle découvrit. Ses charges fixes (loyer élevé, leasing automobile, abonnements divers) représentaient 60 % de ses revenus. Elle utilisait le reste pour ses courses, ses sorties, ses vacances, etc. Ce qui lui restait en fin de mois était bien trop faible pour lui permettre de bâtir un patrimoine.

Pire encore, elle constata que ses dépenses étaient largement composées de frais superflus : vêtements de luxe, repas au restaurant plusieurs fois par semaine, voyages dont elle ne profitait même plus autant qu'auparavant.

Ce fut un véritable électrochoc.
Avec un salaire aussi élevé, elle aurait pu être propriétaire depuis longtemps ou avoir plusieurs investissements rentables. Pourtant, elle s'était enfermée dans un mode de vie qui la poussait à dépenser l'intégralité de ses revenus, sans penser à son avenir.

Sophie décida alors de réajuster sa stratégie. Elle réduisit certaines dépenses inutiles, diminua son loyer en déménageant dans un appartement légèrement moins cher, limita ses sorties et coupa dans ses achats impulsifs. Grâce à ces décisions, elle réussit à dégager 2 000 € par mois qu'elle consacra à l'épargne et à l'investissement. Deux ans plus tard, elle possède une épargne bien plus conséquente et peut envisager un investissement immobilier avec une plus grande sérénité.

***Exemple 2** : Jean, 35 ans, célibataire, est ingénieur informatique et gagne 4 500 € net. Il vit également confortablement dans un appartement bien situé qu'il possède, mais il n'a jamais été très attentif à ses finances. Bien que ses revenus fussent stables, il avait tendance à dépenser sans compter, notamment dans ses loisirs et ses technologies. Après un accident de voiture qui l'a laissé plusieurs mois sans pouvoir travailler, Jean se rendit compte qu'il n'avait pas d'épargne suffisante pour faire face à une situation imprévue, et il se retrouva dans une position financière délicate.*

Il commença alors à suivre une approche plus structurée de ses finances : il mit en place un budget mensuel, réduisit ses abonnements inutiles et commença à épargner chaque mois, en prévoyant une épargne d'urgence avant de se concentrer sur d'autres investissements. Après neuf mois de cette nouvelle approche, il avait une épargne de secours équivalente à trois mois de salaire, et se sentait beaucoup plus serein face aux imprévus.

Les situations de Sophie et de Jean ne sont malheureusement pas isolées. Beaucoup de personnes vivent d'un salaire qu'elles dépensent souvent en totalité, sans penser à l'avenir. Et lorsque les revenus augmentent, les dépenses suivent généralement le même rythme, laissant peu de place à l'épargne. Il est donc primordial de faire un bilan de vos finances afin de pouvoir faire face aux imprévus de la vie.

Vos finances personnelles reposent sur trois piliers essentiels : les revenus, les dépenses et l'épargne.

Les flux d'argent entrant : vos revenus

Les revenus représentent l'argent qui entre sur une période donnée. Ils peuvent provenir de salaires, des allocations sociales, de revenus d'appoint mais également des loyers perçus, de dividendes d'actions ou d'intérêts.

Il est essentiel de différencier les revenus actifs, qui nécessitent un travail en échange d'une rémunération, des revenus passifs, qui génèrent des gains sans intervention directe. Les revenus actifs comprennent les salaires, mais aussi les activités secondaires comme l'accompagnement, le conseil, ou le travail indépendant. Les revenus passifs ou semi-passifs incluent les loyers, les intérêts et les dividendes.

Certains revenus peuvent être exceptionnels, comme un héritage, un gain à la loterie, un don, la revente d'un bien immobilier, une plus-value sur un portefeuille, ou encore un remboursement d'impôts. Ces revenus sont généralement passifs, car ils ne nécessitent pas un effort continu de votre part.

Il existe aussi des revenus qui peuvent se trouver dans les deux catégories. Par exemple, les droits d'auteur ou les formations que vous vendez. Si au départ ces activités nécessitent un travail actif, une fois réalisées, elles peuvent générer des revenus passifs.

Les allocations comme les pensions, les indemnités de maladie ou les bourses diverses sont également considérées comme des revenus passifs, bien qu'elles soient souvent basées sur un revenu actif passé (par exemple, un revenu de travail antérieur). Le même principe s'applique pour les remboursements d'impôts, qui proviennent souvent de revenus actifs antérieurs.

Exemple chiffré : *Patrick travaille en tant que laborantin et reçoit un salaire mensuel de 3 500 € net. Il perçoit également un 13eme* *mois et un pécule de vacances de 5 500 € net annuellement (environ 458 € par mois). En plus de son salaire, il perçoit 200 € de dividendes trimestriels provenant de son portefeuille d'actions, soit environ 67 € par mois. Son revenu total mensuel moyen est donc de 4025 €. Pour les revenus exceptionnels, il prévoit environ 1500 € par an d'un remboursement d'impôt et 4000 € de bonus variable de son employeur . Il les répartit donc sur 12 mois, ce qui ajoute environ 458 € par mois. Son revenu total annuel moyen de l'année devient donc de 4 483 € net par mois.*

Les flux d'argent sortant : vos dépenses

Classer ses dépenses en grandes familles comme le logement, le transport, l'alimentation, les loisirs et la santé est une première étape utile pour mieux comprendre où va l'argent. Cela vous permet d'identifier les postes de dépenses les plus lourds et d'ajuster ses choix en fonction de vos priorités financières.

Cependant, il est nécessaire de pousser cette analyse plus loin pour une gestion financière plus granulaire et efficace. En affinant la classification des dépenses, vous allez pouvoir repérer les marges de manœuvre et les ajustements à apporter pour maximiser votre potentiel d'épargne.

On divise habituellement les dépenses en 3 catégories : les dépenses fixes, les dépenses variables et les dépenses occasionnelles.

Les dépenses fixes sont des dépenses régulières et ne varient pas beaucoup, ce qui en fait une base stable pour la gestion budgétaire. Elles comprennent des charges comme votre loyer et/ou vos crédits hypothécaires, les charges locatives, vos crédits de consommation (ex : prêt voiture), vos abonnements télé, internet, les provisions de gaz, d'électricité, cotisations de clubs, l'allocation pour vos enfants, frais divers récurrents,.. Parmi les dépenses fixes, on doit ajouter les frais d'assurances, les taxes sur l'immobilier, les cotisations mutuelles, etc. Souvent payées annuellement ou trimestriellement, elles doivent être provisionnées de manière mensuelle dans votre futur budget.

Les dépenses variables sont des dépenses qui fluctuent en fonction des choix de style de vie et de consommation. Elles incluent les courses, les frais de transport (essence, entretien des véhicules, transports publics, taxis), vos loisirs et divertissements (restaurants, discothèques et bars, cinéma, sorties culturelles), vos vêtements et accessoires (achats de mode, accessoires), les frais scolaires, frais de formations/cours, frais médicaux, cadeaux, etc...Ces postes sont plus souples et peuvent être ajustés plus facilement si nécessaire.

Les dépenses occasionnelles sont des dépenses qui ne se produisent pas chaque mois, mais elles sont essentielles à anticiper pour éviter un déséquilibre financier. Il s'agit des vacances, des achats importants comme des meubles, et des imprévus tels que des réparations urgentes, le remplacement d'un frigo, des frais médicaux exceptionnels,...

La classification des dépenses en fixes et variables permet d'identifier les postes où des ajustements peuvent être réalisés plus facilement. Vos dépenses fixes sont souvent plus difficiles à réduire à court terme et vos dépenses variables offrent une plus grande flexibilité pour économiser. Vous pouvez ignorer vos dépenses occasionnelles dans un budget mensuel standard, mais elles doivent cependant être planifiées.

Une fois ces dépenses bien catégorisées, vous pouvez introduire la notion de dépenses essentielles, qui sont nécessaires à la survie et au bien-être quotidien et celle de dépenses non essentielles, qui peuvent être ajustées ou éliminées sans affecter de manière significative la qualité de vie. Cela vous permettra dans un exercice ultérieur de bien isoler les dépenses qui peuvent être réduites sans dramatiquement altérer votre existence.

Exemple chiffré *: les dépenses fixes de Patrick incluent son prêt hypothécaire de 1 000 €, ses charges locatives (eau, ordures) à 100 €, ainsi que ses crédits (prêt voiture à 150 € et crédit personnel à 200 €). Il a également des abonnements comme la télévision et internet qui totalisent 100 € par mois. Enfin, Il paye ses provisions de gaz et d'électricité pour 200 €, et ses cotisations d'assurances pour la santé à 75 € par mois, bien que certaines soient payées annuellement. Il doit aussi prévoir 50 € par mois pour ses cotisations de club sportif, et 200 € mensuels pour son assurance habitation et son assurance voiture. En tout, ses dépenses fixes s'élèvent à 2075 € par mois.*

Ses dépenses variables, qui varient d'un mois à l'autre, comprennent les courses à 700 €, le transport (carburant, entretien véhicule, transports publics) à 150 €, ainsi que ses loisirs (restaurants, cinéma, sorties culturelles) à 300 €. Il dépense environ 100 € chaque mois pour des vêtements et accessoires, 50 € pour des frais médicaux et 30 € pour des cadeaux. Ses dépenses variables s'élèvent donc à 1 330 € par mois.

Quant aux dépenses occasionnelles, elles ne sont pas toujours prévisibles. Elles comprennent les vacances annuelles, où Patrick dépense environ 3 000 € chaque année, soit 250 € par mois. Il met de côté 100 € par mois pour les éventuels imprévus. Ainsi, ses dépenses occasionnelles s'élèvent à environ 350 € par mois.

Au total, ses dépenses totales mensuelles moyennes sont donc de 3755 €.

L'analyse des finances de Patrick montre que même avec un revenu relativement confortable, la gestion des dépenses est essentielle pour maximiser son potentiel d'épargne. Les catégories de dépenses fixes, variables et occasionnelles doivent être surveillées de près pour pouvoir réduire les postes non essentiels et allouer une part plus importante de son revenu à l'épargne et aux investissements.

Cela illustre bien que pour bien gérer son argent, il est crucial d'avoir une vision claire de ses flux entrants et sortants, et d'adopter une stratégie d'épargne régulière pour atteindre des objectifs financiers à long terme.

L’épargne

L’épargne est souvent perçue comme une action secondaire, mais elle devrait être une priorité dans la gestion de vos finances personnelles. En épargnant régulièrement, vous pouvez non seulement anticiper des coups durs, mais aussi financer des projets futurs et atteindre une indépendance financière à long terme.

L’idéal est d’épargner un pourcentage fixe de vos revenus dès leur réception (ex : 10-20 %), en automatisant si possible cette opération afin de garantir une régularité dans l’effort. Il est à remarquer que cette épargne peut servir par exemple à rembourser vos dettes au plus vite car, comme dit le dicton : « qui paie ses dettes s’enrichit ».

Votre taux d’épargne est le montant d’épargne mensuelle divisé par vos revenus mensuels et multiplié par 100. Un taux inférieur à 10 % montre que vous épargnez peu. Votre taux d’endettement est le total de vos remboursements de crédits mensuels divisé par vos revenus nets mensuels et multiplié par 100. Un taux inférieur à 30 % est considéré comme sain, au-dessus il peut devenir problématique. Votre seuil de sécurité est votre épargne de précaution liquide divisée par vos dépenses mensuelles. Il détermine combien de mois pourrez-vous tenir sans revenus.

L’épargne n’est pas qu’un simple exercice de mise de côté d’argent. Elle permet aussi de préparer des objectifs financiers précis.

Ces objectifs peuvent être classés en deux grandes catégories :

1. **L’épargne de précaution** : Il s’agit de mettre de l’argent de côté pour couvrir des imprévus, tels que des réparations urgentes, une perte d’emploi, ou toute autre situation imprévu. Généralement, il est conseillé de disposer d’un montant couvrant environ 3 à 6 mois de dépenses courantes.

2. **L’épargne pour des projets** : Ce type d’épargne vise à accumuler des fonds pour réaliser des projets spécifiques, tels qu’acheter une maison, financer les études d’un enfant, ou même préparer sa retraite.

Exemple chiffré : *Patrick a un revenu mensuel moyen de 4 483 € net, des dépenses mensuelles moyennes de 3 755 €. Il lui reste donc un surplus net moyen de 728 € par mois qu’il peut consacrer à l’épargne ou a un autre projet. Cela signifie qu’en moyenne, il dépense 3 755/4 483 X 100 = 84% et qu’il lui reste un* *potentiel de 16% de surplus pour l'épargne ou autre chose.*

Suivi des revenus et des dépenses

Il existe sur internet beaucoup d'applications qui permettent de suivre ses revenus et ses dépenses sur une base mensuelle et ce, parfois de manière automatique en étant connecté à vos comptes bancaires. Ces applications sont fournies par certaines banques et par des firmes extérieures. Certaines sont gratuites, d'autres sont payantes. Ces dernières sont souvent les plus complètes mais nécessitent une certaine maitrise. Elles ne sont pas toujours optimales pour la classification des dépenses et gèrent mal les dépenses des cartes de crédit.

Personnellement, je recommande de commencer tout simplement en utilisant un simple cahier papier pour noter journellement vos dépenses. En fin de mois, vous les intégrez dans un tableur (Excel a ma préférence). C'est un exercice simple qui prend moins de 5 min par jour et une demi-heure par mois. Il s'agit d'un effort minimal qui va vous donner une base solide pour travailler ensuite à réaliser vos objectifs financiers. Il sera toujours temps après de voir si vous pouvez simplifier et automatiser cette collecte de données en utilisant des applications.

Actifs et passifs : la base de votre gestion patrimoniale

Après avoir déterminé vos flux d'argent entrant et sortant, il est temps de s'intéresser à votre situation financière totale et d'intégrer la notion d'actif et passif, ce qui vous permettra de mesurer la solidité de votre patrimoine et d'identifier les points d'amélioration.

Un actif est un élément qui peut être revendu pour obtenir des liquidités. On distingue généralement les actifs productifs qui génèrent des revenus et les actifs non productifs qui ont une valeur mais ne rapportent rien directement.
Par exemple, un compte d'épargne ou un bien immobilier mis en location sont des actifs productifs, car ils génèrent des revenus. Un exemple d'actif non productif pourrait être des cryptomonnaies

ou encore des objets de valeur comme des bijoux ou des œuvres d'art.

À l'opposé, **un passif** représente une charge, ou une dette, qui entraîne une sortie d'argent. Cela peut être un prêt immobilier, des prêts à la consommation ou des pensions alimentaires. Un élément souvent négligé dans cette catégorie est la carte de crédit à paiement différé (Visa, Amex, etc.), qui devient immédiatement un passif lorsque vous l'utilisez, car c'est une dette à rembourser.

Un point de débat récurrent dans la gestion patrimoniale est de savoir où classer votre logement privé. Selon Robert Kiyosaki, auteur du célèbre livre « Père riche, père pauvre », votre résidence principale est un passif, car elle ne génère pas de revenus et vous coûte en taxes, frais d'entretien et remboursement hypothécaire. Cependant, votre résidence principale peut aussi être vendue pour créer des liquidités, ce qui la place aussi dans la catégorie des actifs non productifs.

Personnellement, je la considérerais comme un passif tant que le prêt hypothécaire n'est pas remboursé, et comme un actif non productif une fois le prêt réglé. Cela dit, cette distinction est subjective et dépend des priorités et de la stratégie financière de chacun.

La véritable clé de la prospérité financière réside dans l'accumulation d'actifs et la réduction des passifs. Ce n'est pas seulement une question de réduire les dettes, mais de faire travailler votre argent pour vous. L'acquisition d'actifs, en particulier ceux qui génèrent des revenus (comme les investissements en actions, biens immobiliers mis en location), est essentielle pour constituer un patrimoine solide.

Si votre patrimoine net est positif, vous possédez plus de richesses que de dettes. S'il est négatif, vos dettes dépassent la valeur de vos biens, ce qui peut signifier une situation financière à risque.

Limiter les engagements financiers lourds, comme des crédits à la consommation, permet de mieux gérer ses finances et de dégager de la capacité d'épargne. Cela contribue à la construction d'une sécurité économique qui vous permettra de financer vos projets futurs sans dépendre uniquement de votre salaire.

Conclusion

Quand vous aurez terminé les exercices en fin de ce chapitre, vous connaitrez avec exactitude votre patrimoine ainsi que les flux d'argent entrants et sortants. Dans les chapitres qui suivent, nous allons partir de cet état des lieux pour mettre en place des outils et des stratégies pour améliorer progressivement votre situation financière.

Plus on avance dans cette démarche, plus on gagne en confiance et en capacité à prendre des décisions financières avisées. Finalement, gérer ses finances, ce n'est pas seulement une question d'argent, cela permet de se donner les moyens de vivre la vie que l'on souhaite.

En suivant ce parcours, vous serez bien équipé pour prendre en main votre sécurité financière et vos objectifs d'épargne. En ayant un contrôle total sur vos revenus, vos dépenses, vos actifs et vos passifs, vous pourrez faire des choix judicieux pour accumuler des actifs et réduire les passifs. Cela vous permettra de construire une base solide pour une prospérité durable et de vivre sereinement sans dépendre uniquement de votre salaire.

Exercice 1 : **Identifiez tous vos revenus annuels**

- Déterminez les revenus actifs et les revenus passifs ainsi que leur périodicité. Ex : salaire tous les mois et dividendes une fois par an.
- Ajoutez la date approximative des paiements sur vos comptes des revenus non-exceptionnels qui ne sont pas mensuels, et ajustez les sur une base mensuelle.
- Mettez une catégorie à part pour les revenus exceptionnels non récurrents comme un don, un héritage, etc...

Exercice 2 : **Identifiez toutes vos dépenses**

- Prenez une période suffisamment longue pour être représentative (par exemple 6 mois) et mettez sur un tableur/ feuille de papier toutes vos dépenses.
- Classez les en dépenses fixes et en dépenses variables.
- Mettez une catégorie à part pour les dépenses occasionnelles.
- Identifiez déjà vos dépenses fixes non mensuelles comme les taxes sur l'immobilier et ajustez-les sur une base mensuelle.
- Distinguez celles qui sont essentielles des non essentielles.

Exercice 3 : **Estimez votre potentiel d'épargne**

- Déterminez ce qu'il vous reste pour l'épargne par mois une fois tous vos revenus et vos dépenses identifiées et catégorisées.
- Est-ce que vous dépensez tout ou plus que ce que vous gagnez ?
- Quel est le pourcentage de dépenses, d'épargne par rapport à vos revenus ?

Exercice 4 : **Calculez vos ratios financiers**

- Calculez votre taux d'épargne, votre taux d'endettement et votre seuil de sécurité.
- Qu'en déduisez-vous ?
- Que pouvez-vous mettre en place pour changer cela ?

Exercice 5 : **Déterminez votre patrimoine net**

- Répertoriez l'ensemble de vos actifs productifs et non productifs ainsi que vos passifs en essayant de chiffrer chaque élément.
- Calculez ensuite votre patrimoine net avec la formule : Patrimoine net = Total des actifs – Total des passifs.
- Répétez cet exercice tous les trois mois pour voir l'évolution de votre patrimoine net.

Chapitre 4 :
Élaborez un budget efficace

Dans le chapitre précèdent, vous avez dressé le bilan de votre patrimoine, de vos revenus et de vos dépenses. Vous avez surtout pris conscience de la manière dont votre argent était utilisé.

Dans ce chapitre, vous allez franchir une étape essentielle: l'élaboration d'un budget. Celui-ci vous permettra de déterminer précisément où votre argent devrait aller afin de reprendre le contrôle de vos finances et de vous donner les moyens d'atteindre vos objectifs de vie.

Pourquoi est-ce important d'établir un budget ?

Établir un budget est une démarche essentielle pour une gestion financière saine et proactive. Le budget est un outil stratégique qui vous offre une vision claire de vos revenus et de vos dépenses, et vous permet de prendre des décisions éclairées en cohérence avec vos priorités et projets.

Plus les revenus sont modestes, plus il est crucial de bien gérer son budget. Mais, même avec des revenus élevés, un budget reste indispensable pour optimiser l'utilisation de votre argent.

Un budget bien structuré vous aide à hiérarchiser vos priorités financières. En distinguant clairement vos besoins de vos envies, vous pouvez allouer vos ressources de manière plus judicieuse, en évitant les dépenses impulsives qui pourraient compromettre vos projets à long terme. C'est une façon d'agir en conscience, euro par euro, vers ce qui compte vraiment pour vous : acheter un logement, préparer un voyage, investir, ou encore constituer une épargne pour la retraite.

Un budget bien conçu est une véritable feuille de route financière qui vous guide et vous aide à prioriser vos besoins. Votre budget vous enseignera à vivre suivant vos moyens , ou mieux, en dessous de vos moyens, ce qui est essentiel pour éviter l'endettement excessif. En fixant des limites claires sur les dépenses et en suivant régulièrement l'état de vos finances, il devient plus facile d'éviter cette situation délicate.

L'association d'un budget et d'un suivi régulier de vos dépenses vous permet de mieux comprendre vos habitudes de consommation, de repérer les fuites d'argent, et de faire les ajustements nécessaires. Résultat : vous éliminez les dépenses superflues et renforcez votre sécurité financière.

Un autre bénéfice clé : la réduction du stress lié à l'argent. L'anxiété financière est fréquente, mais avec un budget, vous disposez d'une vue d'ensemble rassurante. Vous êtes mieux préparé à faire face aux imprévus, sans avoir à recourir à des crédits coûteux.

Enfin, si vous gérez un budget familial, impliquer les autres membres de la famille dans le processus est essentiel. Cela favorise une compréhension partagée des objectifs, encourage la responsabilisation de chacun, et renforce la cohésion autour d'un projet commun.

En résumé, établir un budget, c'est reprendre la main sur sa vie financière. C'est une pratique simple mais puissante qui vous rapproche de vos aspirations. Que vous souhaitiez épargner, investir, ou simplement retrouver la sérénité, un budget bien conçu est un allié indispensable.

Exemple 1 : *Raphaël, ouvrier dans une entreprise de construction, vivait au jour le jour. Il ne savait jamais vraiment où passait son argent. Presque chaque mois, vers le 20, il se retrouvait à découvert, stressé à l'idée de ne pas pouvoir faire face à une dépense imprévue, car il avait très peu d'épargne. Un jour, il a décidé que ça ne pouvait plus durer. Il a commencé par noter toutes ses dépenses pendant deux mois.*

En analysant ses habitudes, il a réalisé qu'une grande partie de son argent partait dans des achats impulsifs et des abonnements dont il n'avait plus vraiment l'usage. Il a alors mis en place un budget simple, réparti en trois grandes catégories : dépenses essentielles, épargne, et loisirs. Après quelques mois de discipline, sa situation a changé. Il parvenait à épargner régulièrement, à rembourser une partie de ses dettes, et à se faire plaisir sans culpabiliser. Peu à peu, il a constitué une épargne de précaution. Aujourd'hui, Raphaël se sent apaisé, il maîtrise mieux ses finances et envisage l'avenir avec plus de confiance.

Comment élaborer un budget équilibré ?

Le premier principe est simple : ne pas dépenser plus que ce que l'on gagne. Il s'agit de veiller à ce que vos dépenses restent dans les limites fixées par votre budget.

Mais un budget efficace ne consiste pas seulement à limiter vos dépenses : il vise à optimiser chaque euro. Voici trois méthodes éprouvées pour y parvenir :

1) **La méthode du "zero-based budget" (budget base zéro)** repose sur un principe simple mais puissant : chaque euro que vous gagnez doit avoir une destination précise. À la fin du mois, il ne doit rester aucun euro "non alloué". Contrairement à l'approche classique (où l'on dépense d'abord et épargne ce qui reste), ici, tout est planifié à l'avance : dépenses fixes, variables, épargne, investissements. Rien n'est laissé au hasard.

   Exemple chiffré : *Christophe et Marie gagnent ensemble 5 000 € net par mois. Avant de commencer à dépenser, ils attribuent 1500 € pour le logement, 800 € pour les courses, 200 € pour le transport, 500 € pour l'épargne, 600 € pour les loisirs, et ainsi de suite, jusqu'à ce que chaque euro ait été affecté.*

   Cette méthode vous pousse à prioriser vos dépenses et à aligner votre budget avec vos objectifs. Elle nécessite une planification rigoureuse, mais elle offre un contrôle total et réduit fortement les gaspillages.

2) **La méthode 50/30/20** est une approche simple et efficace pour gérer son budget de manière équilibrée. Elle consiste à répartir vos revenus nets mensuels en trois grandes catégories :

- **50 %** pour les dépenses essentielles, comme le logement, l'alimentation, les factures, les assurances et les frais de transport — en somme, tout ce qui est indispensable au quotidien.
- **30 %** pour les loisirs et les plaisirs personnels, tels que les sorties, les abonnements, les voyages ou les achats non essentiels, afin de profiter de la vie tout en gardant un certain contrôle sur ses finances.
- **20 %** pour l'épargne et le remboursement des dettes, un volet crucial pour sécuriser son avenir financier. Cela inclut la constitution d'une épargne pour faire face aux imprévus, des

investissements ou encore le remboursement accéléré de crédits pour réduire son endettement.

Cette méthode permet ainsi de concilier les besoins essentiels, le plaisir et la sécurité financière, tout en instaurant de bonnes habitudes de gestion budgétaire. Des variantes peuvent être envisagées selon la situation financière de chacun, par exemple 40/40/20 ou 50/40/10.

Exemple chiffré : *reprenons les données de Christophe et Marie. Christophe et Marie gagnent ensemble 5 000 € net par mois. ils décident d'appliquer la méthode des 50/30/20 en répartissant leurs revenus entre besoins essentiels, loisirs et épargne.*
Selon cette méthode, 50% de leur revenu, soit 2500 €, est destiné aux besoins essentiels. Dans cette catégorie, ils attribuent 1 500 € pour le logement, couvrant ainsi leur loyer et les charges liées à leur habitation.Ensuite, ils allouent 800 € pour leurs courses alimentaires, garantissant qu'ils disposeront d'un budget fixe pour leur alimentation et autres achats nécessaires
Le transport, quant à lui, représente 100 € pour couvrir l'essence, l'entretien du véhicule et les abonnements aux transports publics. Ils prévoient également 100 € pour la santé, incluant les consultations médicales, les médicaments et leur mutuelle.
Ensuite, 30% de leur revenu, soit 1 500 €, est destiné aux loisirs et à leurs envies personnelles. Ainsi, ils réservent 600 € pour des sorties, des restaurants, des activités culturelles et autres loisirs. Ils affectent aussi 400 € aux vêtements et aux achats personnels, ce qui leur permet de se faire plaisir tout en respectant leur budget. De plus, ils mettent de côté 500 euros chaque mois pour leurs vacances à venir, assurant ainsi qu'ils pourront partir en voyage sans se mettre dans une situation financière inconfortable.

Enfin, les 20% restants, soit 1 000 €, sont affectés à l'épargne. Ils placent 500 € sur un compte d'épargne pour leur avenir, 300 € dans une enveloppe destinée à couvrir les imprévus (réparations, urgences,…) et 200 € pour des dons et des cadeaux, en accord avec leurs valeurs et engagements personnels.
Grâce à cette méthode, Christophe et Marie allouent de manière claire et structurée une part de leur revenu à chaque grande catégorie de leur vie, tout en se laissant une marge de manœuvre pour faire face aux imprévus.

Comparaison des méthodes

La méthode du "zero-based" budget oblige à planifier en détail et à ajuster les montants au fur et à mesure. Cette approche est flexible, car elle permet des ajustements en cours de route, tout en assurant que chaque euro a une destination précise.

La méthode 50/30/20 convient bien à ceux qui recherchent une solution simple, sans entrer dans les détails quotidiens de leurs dépenses. Elle permet de garder une certaine liberté, notamment pour les loisirs et les imprévus, tout en poursuivant un objectif d'épargne clair.

Cependant, cette méthode peut manquer de précision. Si les dépenses dans une catégorie (comme les besoins ou les loisirs) dépassent les plafonds prévus, il faut compenser en réduisant ailleurs. Cela la rend moins adaptée aux personnes qui préfèrent une organisation budgétaire rigoureuse et détaillée.

Outre ces 2 méthodes qui sont les plus populaires pour faire un budget, on peut trouver des alternatives :

1) **La méthode « no budget »** : avant de dépenser quoi que ce soit, vous effectuez un paiement automatisé (par exemple, 20% de vos revenus) au début de chaque mois vers votre épargne ou vos investissements. Vous pouvez ensuite dépenser le reste sans suivre chaque détail mais attention de ne pas tomber en découvert ! Cette méthode convient aux personnes qui détestent un suivi minutieux de leurs dépenses mais qui souhaitent prioriser leur épargne sans trop de contraintes.

2) **La méthode des enveloppes** : vous divisez vos dépenses en catégories budgétaires distinctes, chacune représentée par une enveloppe, physique ou virtuelle (via des sous-comptes bancaires, par exemple). Chaque mois, vous attribuez à chaque enveloppe une somme définie. Une fois l'enveloppe vide, vous ne pouvez plus dépenser dans cette catégorie jusqu'au mois suivant

3) **La méthode minimaliste** : vous réduisez vos dépenses au strict nécessaire afin de maximiser votre épargne et vos investissements. Cela nécessite d'adopter un mode de vie sobre (voire monacal) et de résister aux tentations de consommation.

4) **La méthode par valeurs** : plutôt que de catégoriser rigidement toutes vos dépenses, vous alignez votre budget avec vos valeurs et vos priorités personnelles. Par exemple, si vous êtes passionné par les voyages, vous pouvez réduire vos autres

dépenses pour financer cette passion. Cette méthode demande une grande discipline et une clarté absolue sur vos objectifs de vie.

5) **La méthode par paliers** : vous définissez des seuils de dépenses fixes pour chaque catégorie et vous ajustez vos dépenses en fonction de l'évolution de vos revenus. Une fois un palier atteint, tout revenu supplémentaire est consacré à l'épargne ou à l'investissement. Cette méthode, très souple, est idéale pour les personnes qui souhaitent résister à l'inflation du style de vie et gérer efficacement leurs priorités, même avec des revenus fluctuants.

Exemple chiffré : *Emma, 21 ans, est étudiante en sciences économiques. Chaque mois, elle reçoit 600 € de ses parents pour couvrir ses dépenses essentielles et gagne entre 200 et 400 € supplémentaires grâce à des jobs étudiant. Avec un total de 800-1000 € , elle doit gérer son loyer, ses courses, ses transports, tout en essayant d'épargner un peu pour ses projets. Ne sachant pas trop comment répartir son argent, elle finit souvent le mois à découvert.*
Elle décide alors d'appliquer la méthode des paliers pour mieux organiser son budget et éviter le stress financier.

Le premier palier consiste à couvrir ses dépenses incontournables. Son loyer en colocation est de 400 €, ses courses lui coûtent 200 €, ses déplacements 50 € et ses factures (téléphone, internet) 50 €. Cela représente un total de 700 €, soit 88 % ou 70 % de son budget. Emma se rend compte que cette part est trop élevée et qu'elle doit optimiser certaines dépenses, comme acheter ses courses en magasin discount et utiliser davantage le vélo pour réduire ses coûts de déplacement.

Une fois ses besoins essentiels couverts, elle passe au deuxième palier : constituer une petite épargne de sécurité. Même avec un budget limité, elle décide de mettre de côté 100 € par mois sur un compte d'épargne. Cela lui permettra d'avoir 1200 € au bout d'un an, pour faire face à un imprévu sans demander d'aide à ses parents.

Si Emma a encore du revenu disponible, elle passe au troisième palier qui est destiné à ses loisirs et sorties. Plutôt que de dépenser sans compter, Emma se fixe une limite de 150 € par mois pour les restaurants, les soirées avec ses amis et les petits plaisirs du quotidien. Cette approche lui permet de profiter sans culpabilité et sans risquer de se retrouver à court d'argent à la fin du mois.

Si Emma a encore de l'argent disponible, elle peut passer au quatrième palier, qui concerne ses projets à moyen terme, comme un voyage ou l'achat d'un ordinateur portable pour ses études. Elle alloue alors 50 € par mois à cet objectif, en plaçant son argent sur un livret d'épargne pour éviter de le dépenser impulsivement.

Enfin, s'il lui reste encore des fonds, Emma investit 50 € par mois dans un compte-titres.

Grâce à cette méthode, Emma se sent beaucoup plus sereine : elle ne se retrouve plus à court d'argent avant la fin du mois, a constitué un petit matelas de sécurité et peut même se faire plaisir sans stress. Elle alloue ses revenus en fonction de ses priorités et elle avance ainsi vers l'indépendance financière, même avec un budget limité.

En résumé, chaque méthode présente des avantages et des inconvénients et peut être adaptée à son mode de vie ainsi qu'à ses objectifs. Vous pouvez en choisir une, la modifier en cours de route ou même les combiner. L'essentiel est de trouver celle qui vous correspond le mieux, en équilibrant efforts et bénéfices obtenus.

Comment faire évoluer mon budget ?

Un budget n'est pas un carcan : il doit vivre et évoluer avec vous. Car la vie, elle, ne suit jamais un plan figé. Lorsque vous changez d'emploi, par exemple, vos revenus peuvent augmenter ou diminuer, entraînant un ajustement nécessaire de vos dépenses et de votre épargne.

Une hausse de salaire pourrait être l'occasion d'augmenter votre taux d'épargne ou d'accélérer le remboursement de vos dettes, tandis qu'une baisse de revenus exigerait de revoir vos priorités pour éviter tout déséquilibre financier. Adapter votre budget à ces changements vous permet de garder le contrôle sur vos finances et d'éviter les mauvaises surprises.

Les événements familiaux ont également un impact significatif sur votre budget. Une naissance, par exemple, implique des frais supplémentaires liés à la garde d'enfants, aux soins médicaux ou aux besoins du quotidien. Un mariage, un divorce ou même l'accueil d'un parent âgé à domicile peuvent bouleverser votre équilibre financier. En anticipant ces évolutions et en ajustant votre budget en conséquence, vous évitez de vous retrouver pris au dépourvu et vous assurez une transition plus sereine.

Enfin, votre budget doit aussi refléter vos nouveaux objectifs et aspirations. Peut-être souhaitez-vous acheter un bien immobilier, financer un projet entrepreneurial ou préparer une retraite anticipée. Ces ambitions nécessitent souvent une réorganisation financière pour libérer des fonds et mettre en place une épargne dédiée.

Revoir votre budget une fois par mois ou à chaque événement marquant est une excellente habitude. Cela vous permet de garder une vision claire, de rester aligné avec vos objectifs, et surtout, de faire en sorte que votre argent travaille pour vous, et non l'inverse.

En résumé : un budget efficace est un budget vivant. Il évolue avec vous, vous soutient dans les moments difficiles et vous propulse vers vos rêves. Prenez-en soin, ajustez-le, et il deviendra un véritable allié dans votre quête de liberté financière.

Quelle est ma méthode ?

Comme vous l'avez vu précédemment, il existe de nombreuses approches pour gérer un budget. Il est souvent nécessaire d'en tester plusieurs avant de trouver celle qui vous correspond vraiment. La méthode que je vous propose repose sur des principes simples, efficaces et accessibles à tous. Elle a pour objectif de vous aider à reprendre le contrôle de vos finances et à avancer sereinement vers vos objectifs.

Dès que vos revenus mensuels sont versés sur votre compte principal (compte 1), mettez immédiatement de côté entre 10 % et 20 % sur un compte d'épargne (compte 2), idéalement dans une autre banque. Ce virement doit être automatisé, pour que l'épargne devienne une habitude et non une option.

Dans un premier temps, utilisez cet argent pour rembourser vos dettes de consommation. C'est votre priorité absolue, car les intérêts qu'elles génèrent grèvent fortement votre budget. Une fois ces dettes effacées, vous constituerez un fonds de réserve équivalent à trois à six mois de dépenses courantes. Ce matelas de sécurité vous évitera de replonger dans l'endettement en cas d'imprévu. Choisissez pour cela une banque offrant un bon taux d'épargne, sans frais cachés.

Ensuite, mettez en place un second virement automatique vers un autre compte courant dédié (compte 3), qui servira à anticiper les dépenses trimestrielles ou annuelles comme les assurances, les taxes ou les entretiens. Calculez le montant mensuel nécessaire pour provisionner ces charges : vous éviterez ainsi les mauvaises surprises et les mois “à trous”.

Chaque jour, notez vos dépenses dans un carnet ou un tableur. Cela peut sembler contraignant au début, mais cette routine simple renforce votre conscience financière. Une fois par semaine, prenez un moment pour faire le point : où en êtes-vous par rapport à votre budget ? Est-ce que certaines catégories de dépenses (logement, alimentation, loisirs...) dépassent les limites prévues ? Si c'est le cas, ajustez en temps réel. Réduire un poste pour équilibrer un autre, c'est une façon saine et réactive de rester dans les clous sans se frustrer.

Parfois, l'utilisation d'une carte de crédit est inévitable. Lorsque cela arrive, transférez sans attendre un montant équivalent depuis votre compte principal vers un compte courant dédié (compte 4) qui vous servira uniquement à rembourser ces achats. Cette discipline vous évite l'accumulation de dettes et renforce votre maîtrise budgétaire.

Si, à la fin du mois, il vous reste de l'argent, ne le laissez pas dormir : affectez-le avec stratégie. Vous pouvez l'ajouter à votre épargne de précaution, renforcer vos investissements, ou encore le placer dans un compte d'épargne plaisir (compte 5), pour vous accorder une sortie, un petit voyage ou un achat que vous appréciez vraiment. Ce compte peut être hébergé dans la banque de votre compte principal, pour plus de simplicité.

Pour une gestion optimale, je recommande d'utiliser plusieurs comptes bancaires, idéalement répartis sur plusieurs établissements différents. Chacun de ces comptes doit avoir une fonction précise : gestion courante, épargne, dépenses annuelles, remboursement de dettes, etc. Dans cette méthode, je conseille un minimum de deux comptes courants et deux comptes d'épargne. L'automatisation des virements entre eux permet une organisation fluide, sans stress ni oublis.

Les banques en ligne sont souvent de précieuses alliées dans cette stratégie : elles proposent des comptes gratuits, des frais réduits et des taux d'épargne plus compétitifs que les banques traditionnelles. Prendre le temps de comparer les offres peut vous faire économiser des centaines d'euros chaque année. Après tout, ce sont les petits ruisseaux qui font les grandes rivières !

Conclusion

Bien que l'élaboration d'un budget puisse sembler fastidieuse au départ, elle devient rapidement une routine simple et rapide à mettre en place. Une fois établi, il ne s'agit plus que de suivre périodiquement ses dépenses pour s'assurer qu'elles restent alignées avec ce cadre.

Un budget clair et bien structuré ne limite pas votre liberté, il l'augmente. Il vous permet de diriger votre argent là où cela compte vraiment pour vous. Il ne s'agit pas de se restreindre, mais de faire en sorte que vos décisions financières reflètent vos valeurs et vos priorités profondes.

Comme nous l'avons vu à travers les cas concrets précédents, un revenu élevé ne garantit en rien la sécurité financière si l'argent est mal géré. Sans budget structuré, il est facile de céder aux dépenses impulsives et de voir son argent disparaître sans impact durable. À l'inverse, même un revenu modeste peut être le socle d'une stabilité solide, à condition d'être géré avec rigueur : en établissant un budget, en suivant ses dépenses, en épargnant de façon disciplinée et en investissant avec discernement.

L'objectif n'est pas seulement de gagner plus, mais de conserver une part significative de ce que l'on gagne afin de bâtir un avenir serein. Ce n'est pas la somme que vous touchez chaque mois qui fera la différence sur le long terme, mais la manière dont vous l'utilisez pour renforcer votre sécurité, saisir des opportunités et développer votre patrimoine.

En appliquant les principes vus dans ce chapitre – allouer chaque euro avec intention, se payer en premier, ajuster ses finances en fonction de ses objectifs, éviter les achats impulsifs – vous transformez votre argent en un levier puissant de liberté.

Un dernier conseil : célébrez vos petites victoires. Qu'il s'agisse de mettre en place votre premier budget, de le respecter, d'épargner davantage ou de réduire une dette, chaque pas compte. Ces réussites renforcent votre motivation et confirment l'efficacité de vos efforts.

Et si vous n'avez pas réussi à tenir votre budget ce mois-ci ? Ce n'est pas un échec, mais une opportunité d'apprentissage. Analysez calmement ce qui a posé problème, ajustez vos prévisions ou vos comportements, et poursuivez le mois suivant avec plus d'aisance et de lucidité. La stabilité financière ne s'obtient pas en un jour : elle se construit, pas à pas. Et chaque pas vous rapproche d'une vie plus libre, plus sereine, et plus alignée avec ce qui compte vraiment pour vous.

Exercice 1 : Faites votre budget

- Parmi les 3 méthodes expliquées plus haut, choisissez la méthode qui vous convient le plus et appliquez-la pour faire votre budget mensuel.
- Assurez-vous d'y inclure une ligne pour l'épargne et les imprévus.
- Déterminez un montant réaliste à consacrer aux loisirs et dépenses non essentielles. Que remarquez-vous ?

Exercice 2 : Suivez vos dépenses

- Notez chaque dépense dans un carnet ou une application de gestion financière pendant un mois.
- Comparez vos dépenses réelles avec votre budget mensuel chaque semaine.
- Repérez les écarts : quelles catégories dépassent le budget ? Où pourriez-vous réduire?
- Ajustez votre budget si nécessaire pour le rendre plus réaliste et efficace.

Chapitre 5 : Réduire ses dépenses

Dans les chapitres précédents, vous avez appris à suivre régulièrement vos revenus et vos dépenses, et à bâtir un budget en accord avec vos objectifs de vie. Il est maintenant temps d'examiner comment réduire vos dépenses, avant d'aborder, dans le chapitre suivant, les stratégies permettant d'augmenter vos revenus.

Vous découvrirez ci-après certaines astuces que vous connaissez peut-être déjà — et que vous appliquez parfois sans y penser — mais aussi d'autres, plus inédites, qui, je l'espère, vous aideront à réaliser de réelles économies sans pour autant renoncer à une vie agréable.

Pourquoi faut-il réduire vos dépenses ?

Réduire vos dépenses, c'est renforcer votre capacité d'épargne. Cette épargne pourra ensuite être utilisée pour différents objectifs : constituer une épargne de précaution, investir ou rembourser plus rapidement vos dettes.

Dépenser moins ne signifie pas forcément vous priver, mais plutôt faire des choix plus stratégiques et adopter une approche plus consciente de votre consommation.

Si vous comptez uniquement sur vos revenus – souvent votre salaire – pour couvrir vos besoins immédiats sans disposer d'une épargne de précaution, vous vous exposez à des difficultés majeures en cas d'imprévu : séparation, maladie, perte d'emploi… autant de situations qui peuvent fragiliser votre équilibre financier.

Si vous n'avez jamais appris à gérer vos dépenses, cela peut sembler intimidant. Pourtant, avec une bonne méthode et quelques astuces, vous pouvez tout à fait y parvenir et retrouver une forme de sérénité financière. D'ailleurs, il est souvent plus simple et plus rapide d'optimiser vos dépenses que d'augmenter vos revenus. Commencer par-là vous permet d'obtenir des résultats concrets dès les premières semaines.

Analysez et priorisez vos dépenses

La première étape consiste à observer attentivement vos habitudes de consommation. Une gestion efficace de vos finances commence par un suivi rigoureux de vos dépenses, puis une analyse pour identifier les postes sur lesquels des économies sont possibles.

Notez chaque dépense, même les plus petites. Cela vous permettra de repérer les habitudes coûteuses ou superflues, souvent invisibles au quotidien. Cette prise de conscience est souvent un déclic pour reprendre le contrôle de votre budget.

Toutes vos dépenses n'ont pas la même importance. Il est essentiel d'apprendre à distinguer ce qui est réellement nécessaire de ce qui est secondaire.

Avant chaque achat, posez-vous ces quelques questions :

- Que m'apporte réellement cette dépense ?
- Est-elle essentielle ou simplement un plaisir ponctuel ?
- Est-elle alignée avec mes priorités actuelles ?
- Répond-elle à un besoin durable ou à une envie passagère ?
- Combien d'heures de travail représente-t-elle ?
- Puis-je trouver une meilleure offre ailleurs ?

Par exemple, si votre bien-être à la maison est une priorité, il peut être judicieux de maintenir un bon niveau de confort (chauffage, éclairage). À l'inverse, si vous rêvez de voyager, vous pourriez décider de réduire certains postes comme les vêtements ou les sorties, sans pour autant sacrifier votre qualité de vie.

L'objectif n'est donc pas de vous priver, mais de faire des choix réfléchis afin de tirer le meilleur parti de chaque euro dépensé. Il faut aussi garder à l'esprit que certaines économies peuvent nécessiter un investissement préalable. Par exemple, améliorer l'isolation de votre logement représente une dépense immédiate, mais permet de réduire durablement vos frais de chauffage.

Exemple 1 : *Camille, 22 ans, étudiante, adore le café. Elle dépensait 5 euros par jour dans sa boisson préférée, soit environ 150 euros par mois. Après réflexion, elle a investi dans une bonne cafetière pour chez elle. Résultat : Une économie de 120 euros par mois tout en conservant son plaisir quotidien.*

Dans le chapitre 3, vous avez identifié trois types de dépenses : fixes, variables et occasionnelles. Commencez par les dépenses fixes, car ce sont souvent les plus élevées et les plus faciles à optimiser sur le long terme.

Réduisez vos dépenses fixes

Les dépenses fixes correspondent à des frais récurrents avec peu de variations que vous payez chaque mois. Bien qu'elles soient souvent perçues comme incontournables, vous disposez de leviers d'action pour les optimiser.

Pour chaque catégorie de dépense, adoptez cette méthode :

1. Examinez attentivement vos factures.
2. Comparez les offres disponibles sur le marché.
3. Négociez autant que possible.

Internet est un allié précieux : vous y trouverez des comparateurs gratuits, des avis de consommateurs, et des ressources fiables pour identifier les meilleures options. Certaines associations indépendantes publient régulièrement des analyses d'offres du marché. Concernant votre logement, renseignez-vous sur les aides disponibles. Certaines communes, régions ou organismes sociaux proposent des primes, réductions ou interventions financières pour alléger vos factures d'énergie ou de rénovation. Ne les négligez pas : elles peuvent constituer un véritable coup de pouce.

Loyer et prêt hypothécaire

Se loger représente un besoin fondamental, que vous soyez locataire ou propriétaire. Même si cette dépense semble difficile à réduire, des solutions existent pour en alléger le poids. Vous pouvez envisager de déménager vers un logement au loyer plus abordable ou encore partager les frais avec un colocataire. Dans certains cas, une négociation directe avec le propriétaire est envisageable. Par exemple, proposer un engagement sur le long terme peut justifier une réduction de loyer ou des charges.

Si vous remboursez un ou plusieurs prêts hypothécaires, il est pertinent d'évaluer régulièrement la possibilité de diminuer vos mensualités. Les conditions de crédit évoluent en fonction des taux directeurs, des politiques commerciales des banques, et des objectifs internes en début ou fin de trimestre. Il convient de commencer à analyser les offres quand les taux ont baissé d'au moins 1%.

Comparer les offres du marché ou solliciter une renégociation auprès de votre banque peut vous faire économiser des centaines, voire des milliers d'euros sur la durée. Votre banque préférera souvent vous conserver comme client plutôt que de vous voir partir.

Toutefois, prenez en compte l'ensemble des frais liés à un éventuel nouveau prêt : frais de notaire, pénalités de remboursement anticipé, frais de dossier, estimation du bien, etc. N'hésitez pas à négocier ces éléments pour optimiser l'opération.

Soyez aussi vigilant aux offres alléchantes qui conditionnent un taux bas à la souscription de produits annexes (assurance habitation, solde restant dû, etc.). Un taux légèrement plus élevé, mais sans options obligatoires, peut s'avérer plus avantageux. Comparez toujours le coût total du crédit – assurance comprise – pour faire un choix éclairé.

Un courtier indépendant peut vous aider à identifier les meilleures conditions. Toutefois, sachez qu'il est souvent rémunéré par les banques, ce qui peut influencer ses recommandations. Analysez ses propositions avec esprit critique.

Enfin, pensez à des solutions alternatives pour alléger vos charges : par exemple, la sous-location partielle (à un étudiant ou en location saisonnière) peut générer des revenus complémentaires.

Factures d'électricité et de gaz

Ces dépenses pèsent souvent lourd dans votre budget, mais elles peuvent être réduites de manière significative.

Commencez par choisir un contrat adapté à votre consommation. Un tarif fixe ou variable sera-t-il plus intéressant dans votre cas ? Utilisez des comparateurs en ligne pour identifier les offres les plus compétitives.

Soyez attentif aux promotions, souvent proposées en début ou fin d'année par les fournisseurs souhaitant accroître leur part de marché. Certaines associations organisent des achats groupés, qui vous permettent de bénéficier de conditions avantageuses sans effort.

Agir sur votre consommation vous permet aussi de réaliser un double gain. De nombreux gestes simples peuvent réduire votre facture : éteindre les lumières inutiles, débrancher les appareils en veille, utiliser les programmes éco du lave-linge et du lave-vaisselle pendant les heures creuses, améliorer l'isolation ou encore baisser le chauffage d'un degré.

Des travaux d'isolation et de rénovation énergétique peuvent amplifier vos économies. Pensez à consulter les primes et subventions disponibles pour les financer, puis évaluez la rentabilité de l'investissement.

Enfin, il est recommandé de réévaluer chaque année vos contrats pour vérifier s'ils restent compétitifs et ajuster vos choix si besoin.

Facture d' eau

Indispensable au quotidien, l'eau peut aussi représenter une charge significative. Contrairement à l'électricité ou au gaz, vous ne pouvez pas changer de fournisseur, car il dépend de votre commune. Vous devez donc agir sur votre consommation.

Pour réduire votre facture, privilégiez les douches courtes, installez des réducteurs de débit sur les robinets et la douche, optez pour une chasse d'eau économique, récupérez l'eau de pluie pour le jardin et la maison, et évitez de laisser couler l'eau inutilement, par exemple en vous brossant les dents. Ces petits gestes répétés font une vraie différence sur le long terme.

Factures de téléphonie-télévision-internet

Ces services sont devenus incontournables, mais leurs coûts peuvent être optimisés.

Commencez par analyser votre consommation réelle en appels, données et services. Supprimez les options superflues ou les forfaits surdimensionnés. Ensuite, comparez les offres disponibles grâce à des comparateurs en ligne. Vous pourriez trouver un meilleur rapport qualité/prix chez un concurrent, voire chez votre opérateur actuel.

N'hésitez pas à changer régulièrement d'opérateur, parfois chaque année, pour profiter des promotions réservées aux nouveaux clients. Avant de le faire, signalez à votre fournisseur votre intention de résilier : il pourrait vous proposer une offre plus avantageuse pour vous retenir.

Exemple 2 : *Julien, 34 ans, dentiste, vit seul dans un appartement de 80 m². Il utilise le gaz pour le chauffage, l'électricité pour l'éclairage et l'électroménager, ainsi qu'un abonnement internet et mobile auprès d'un opérateur majeur. Avant de changer de fournisseurs, il payait 150 € par mois pour le gaz, soit 1 800 € par an, 75 € par mois pour l'électricité, soit 900 € par an, et 60 € par mois pour son abonnement internet et mobile, soit 720 € par an. Son total annuel de dépenses pour ces services s'élevait donc à 3 420 €.*

Souhaitant faire des économies, il a comparé différentes offres et a décidé de changer de fournisseurs. Pour le gaz, il a opté pour un fournisseur alternatif lui permettant de réduire sa facture de 20 %, ce qui ramène son coût mensuel à 120 €, soit 1 440 € par an, lui faisant économiser 360 €. Pour l'électricité, il a choisi une offre verte avec une réduction de 15 % sur le prix du kWh, ce qui baisse sa facture mensuelle à 65 €, soit 780 € par an, avec une économie de 120 €. Enfin, il a changé d'opérateur internet et mobile en passant à une offre low-cost incluant la fibre et un forfait mobile 100 Go pour 35 € par mois, soit 420 € par an, lui permettant de réduire ses dépenses de 300 €.

Au final, après ces changements, Julien paie 1 440 € pour le gaz, 780 € pour l'électricité et 420 € pour internet et son mobile, soit un total annuel de 2 640 €. Grâce à ces ajustements, il a réussi à économiser 780 € sur l'année tout en conservant une qualité de service similaire.

Plateformes de streaming et abonnements logiciels et jeux vidéo

Les abonnements numériques (Netflix, Prime, Spotify, Disney+, etc.) pèsent de plus en plus lourd dans votre budget. Individuellement peu coûteux, leur accumulation peut représenter une somme importante.

Posez-vous les bonnes questions pour chaque service :

- À quelle fréquence l'utilisez-vous ?
- Avez-vous vraiment besoin de la version la plus chère ?
- Existe-t-il une alternative moins coûteuse ?
- Pouvez-vous en bénéficier via un compte partagé avec un proche ?
- Y a-t-il une promotion active ?

Souvent, ces abonnements sont sous-utilisés ou redondantsAutre levier d'économie : certains services affichent des tarifs différents selon le pays. En utilisant un VPN, vous pouvez accéder à des abonnements à moindre coût en choisissant un pays où les prix sont plus bas. Cela vaut pour le streaming, les jeux vidéo (Steam, PlayStation Store, etc.), les logiciels (Microsoft 365, Adobe Creative Cloud), ou encore le stockage cloud.

Exemple 3 : *Thierry, 42 ans, ouvrier dans le bâtiment, est un grand amateur de plateformes de streaming. Plutôt que de cumuler plusieurs abonnements en même temps, il en active un seul à la fois. Il profite ainsi de tout le contenu qui l'intéresse avant de le désactiver et de passer à une autre plateforme. Cette stratégie lui permet d'accéder à une large offre tout en maîtrisant ses dépenses.*

De nombreuses plateformes proposent des périodes d'essai gratuites ou des formules mensuelles sans engagement. Cela permet de tester un service sans frais inutiles.

Comme le montre l'exemple de Thierry, une bonne stratégie consiste à alterner les abonnements : profiter pleinement du catalogue d'une plateforme pendant un ou deux mois, puis suspendre l'abonnement pour en activer un autre. Cela permet de varier les contenus sans multiplier les coûts.

Certaines plateformes offrent aussi la possibilité de partager un compte (dans le respect de leurs conditions d'utilisation). Partager un abonnement familial avec des proches de confiance est un excellent moyen de réduire la facture mensuelle.

Enfin, ne négligez pas les offres groupées proposées par certains opérateurs télécoms : elles incluent parfois des services de streaming ou de stockage à tarif réduit ou gratuit.

Frais bancaires

De nombreuses banques continuent d'imposer une variété de frais qui pèsent sur vos finances : frais de tenue de compte, assurances bancaires, frais de carte bancaire, frais de retrait d'argent, frais si paiements en dehors de la zone Euro et bien d'autres. Cumulés sur une année, tous ces frais peuvent atteindre quelques centaines d'euros.

Avec l'essor des banques en ligne, il est aujourd'hui possible d'en éliminer une grande partie. Prenez le temps de comparer les offres disponibles sur le marché et de faire jouer la concurrence. Comme pour les fournisseurs d'énergie ou de téléphonie, des comparateurs en ligne et certaines associations indépendantes peuvent vous aider à identifier la meilleure solution selon vos besoins.

Si un prêt hypothécaire vous lie à une banque, vous n'êtes pas forcément contraint d'y conserver tous vos comptes. Rien ne vous empêche d'ouvrir un compte dans une autre banque pour réduire vos frais. Changer de banque n'est plus aussi compliqué qu'autrefois. Grâce à la mobilité bancaire, les démarches sont facilitées et l'essentiel peut être transféré automatiquement.

Idéalement, il est recommandé d'avoir au moins une banque avec des agences pour les opérations spécifiques nécessitant un contact humain, et de compléter avec des banques en ligne afin de minimiser, voire supprimer, la plupart des frais bancaires.

Prenez l'habitude de passer en revue votre relevé annuel de frais envoyé par la banque. Il vous donnera une vision claire de ce que vous coûte réellement votre banque. Vous pouvez ainsi vérifier si votre banque reste compétitive, ou s'il est temps d'envisager une alternative plus avantageuse. Une négociation avec votre conseiller peut parfois suffire à faire baisser certains frais ou à passer sur une offre mieux adaptée à vos besoins.

Primes d'assurances

Autre poste de dépenses important dans un budget familial : les assurances. Elles sont souvent perçues comme des charges fixes et incontournables. Pourtant, avec une gestion plus active, elles peuvent être significativement allégées sans compromettre la protection de votre foyer.

Il est conseillé de considérer ses assurances comme un portefeuille à optimiser régulièrement. À intervalles réguliers, il est judicieux de comparer les offres du marché, soit en utilisant des comparateurs en ligne fiables, soit en consultant les études menées par des associations indépendantes. Ces démarches permettent d'identifier des contrats offrant des garanties équivalentes, voire supérieures, pour un coût moindre.

Une lecture attentive de vos contrats actuels est également indispensable. Beaucoup de personnes sont surassurées, notamment lorsqu'elles cumulent des couvertures via leur employeur, leur conjoint ou plusieurs contrats personnels. Cette situation génère des doublons inutiles. Contrairement à ce que l'on pourrait croire, être assuré deux fois ne permet pas d'être indemnisé deux fois : en cas de sinistre, c'est la règle de proportionnalité qui s'applique. Cela signifie que les assurances se partagent l'indemnisation, et non qu'elles la doublent.

Méfiez-vous des recommandations de votre courtier : bien qu'utile, il n'est pas toujours neutre puisqu'il perçoit des commissions sur certaines offres. Faites-lui confiance, mais vérifiez toujours par vous-même si ce qu'il propose convient à votre situation.

Exemple 4 : *Philippe, 53 ans, cadre dans l'industrie, décide de s'offrir une montre de luxe pour son anniversaire. Soucieux de la protéger contre le vol ou la perte, il consulte son courtier pour souscrire une assurance spécifique. Celui-ci lui propose une couverture à 500 € par an, assortie de nombreuses restrictions. Trouvant l'offre peu avantageuse, Philippe demande s'il existe une meilleure option, mais son courtier affirme que non.*

Doutant de cette réponse, Philippe entreprend ses propres recherches et découvre que son assurance habitation couvre déjà sa montre, non seulement en cas de vol à son domicile, mais également lorsqu'il la porte à l'extérieur. Il décide donc de ne pas souscrire l'assurance supplémentaire et économise ainsi 500 € par an.

Cette histoire vraie illustre parfaitement l'importance de se documenter soi-même sur les assurances et de ne pas toujours se fier aveuglément aux propositions des courtiers. Beaucoup de contrats d'assurance habitation incluent déjà des garanties pour les objets de valeur, y compris hors du domicile, mais les assureurs ne mettent pas toujours ces éléments en avant.

C'est aussi une leçon en gestion financière : en prenant le temps de lire son contrat et de poser les bonnes questions, Philippe économise 500 € par an, ce qui représente une belle somme sur le long terme.

Il est aussi possible de réduire les primes en adaptant les niveaux de couverture à votre situation réelle. Si vous ne possédez pas d'objets de grande valeur, inutile d'assurer un contenu immobilier à des montants élevés. En matière d'assurance santé, il est possible de supprimer des options redondantes, notamment si d'autres contrats couvrent déjà certains frais. Pour l'assurance auto, une omnium complète peut être superflue au bout de quelques années, et une formule plus légère peut suffire. Dans certains cas, augmenter volontairement votre franchise peut faire baisser la prime annuelle, à condition d'avoir une réserve d'épargne pour absorber un éventuel petit sinistre.

Enfin, comme dans le secteur bancaire, de nouveaux acteurs 100 % en ligne proposent des formules compétitives, faciles à souscrire et à gérer, et souvent bien plus économiques que les assureurs traditionnels. Si vous envisagez de changer d'assureur, veillez à bien respecter les délais et modalités de résiliation, généralement trois mois avant la date d'échéance du contrat, et par courrier recommandé.

Restez toutefois vigilant : réduire ses assurances ne signifie pas se sous-assurer. Il est essentiel de conserver une couverture suffisante pour faire face aux imprévus majeurs. Une mauvaise estimation peut se traduire par une indemnisation insuffisante, voire nulle. Une évaluation juste de vos besoins, accompagnée d'une mise à jour annuelle de vos contrats, constitue la meilleure garantie d'une protection optimale au meilleur prix.

Abonnements sportifs

Le sport est un excellent allié de la santé physique et mentale, mais il représente bien souvent un poste de dépenses non négligeable. Les abonnements en salle de sport, en particulier, peuvent peser sur le budget si leur utilisation n'est pas régulière. Nombreux sont ceux qui, portés par de bonnes résolutions au Nouvel An ou à la rentrée, s'inscrivent avec enthousiasme... pour finalement abandonner après quelques semaines. Or, les contrats sont souvent assortis de conditions de résiliation strictes, imposant un préavis de plusieurs mois. Résultat : des mensualités continuent d'être prélevées alors que l'abonnement n'est plus utilisé.

Exemple 5 : *Maxime, un étudiant de 20 ans, s'est inscrit à un club de sport haut de gamme pour 180 € par mois. Après trois mois où il n'y est allé que une à deux fois par semaine en moyenne, il a réalisé que c'était un luxe inutile. Chaque séance lui a en effet coûté environ 30 €. Il a opté pour des vidéos gratuites sur YouTube et des séances en plein air. Il est en meilleure forme et a économisé plus de 2000 € par an.*

Avant de s'engager dans une formule coûteuse, il est donc utile de s'interroger sur sa motivation réelle et sur la régularité avec laquelle on compte pratiquer. Des alternatives plus souples et économiques existent, comme la course à pied, le vélo, ou encore les séances de renforcement à domicile. Internet regorge de contenus gratuits ou peu onéreux, des vidéos YouTube aux applications mobiles qui proposent des entraînements guidés et progressifs, accessibles à tous les niveaux.

Si vous êtes dans une démarche de résiliation, pensez à vérifier les modalités précises du contrat. Dans bien des cas, une lettre recommandée envoyée au moins trois mois avant la date d'échéance est requise pour mettre fin à l'abonnement. Il est donc essentiel d'anticiper.

Bien sûr, certaines dépenses fixes dans un budget sont incompressibles — comme les frais de scolarité ou diverses taxes — mais d'autres, comme les exemples vus jusqu'ici, peuvent être optimisées. En vous concentrant sur ces postes ajustables, il est possible de réaliser de substantielles économies sans renoncer à votre confort ou à votre qualité de vie.

Réduisez vos dépenses variables

Les dépenses variables, comme l'alimentation, les loisirs ou l'habillement, évoluent selon vos choix, vos envies du moment et votre mode de vie. Contrairement aux charges fixes, elles sont plus simples à ajuster et offrent un fort potentiel d'économies à court terme. Réduire ce type de dépenses peut avoir un impact immédiat sur votre budget. Par exemple, renoncer à un sandwich acheté chaque midi, privilégier les repas faits maison plutôt que les restaurants, profiter des promotions dans les commerces permet déjà de récupérer plusieurs dizaines voire centaines d'euros par mois. En ajustant plusieurs petites habitudes, il devient possible d'alléger significativement ses dépenses sans pour autant bouleverser son confort.

Vous trouverez ci-dessous quelques techniques pour optimiser vos dépenses variables tout en maintenant un bon équilibre entre économies, confort et plaisir.

Alimentation

Avec le logement, l'alimentation représente une place importante de votre budget. Pourtant, il est tout à fait possible de manger sainement et avec plaisir tout en dépensant moins

L'une des erreurs les plus fréquentes est de faire vos courses sans aucune planification. Établir un menu hebdomadaire permet d'acheter uniquement ce dont vous avez besoin et de limiter le gaspillage. En préparant une liste de courses claire et en s'y tenant, vous pourrez éviter les achats impulsifs. Il est aussi recommandé de ne pas faire ses courses l'estomac vide : cela pousse souvent à acheter plus que nécessaire.

Le lieu où vous faites vos achats a également une influence directe sur votre portefeuille. Tous les magasins n'appliquent pas les mêmes tarifs. Il est donc utile de comparer les enseignes, d'utiliser les catalogues promotionnels ou les applications mobiles pour repérer les bonnes affaires. Certaines grandes surfaces sont bien moins chères que d'autres pour des produits équivalents. Et si vous vivez près d'une frontière, faire vos courses dans le pays voisin peut parfois se révéler très avantageux : certains articles y sont vendus à des prix nettement plus attractifs. Bien sûr, il faut tenir compte du coût et du temps liés au déplacement.

Autre piste d'économies : les marques de distributeur. Moins chères que les grandes marques, elles offrent souvent une qualité équivalente. De même, les bons de réduction — que l'on trouve dans les magazines, sur Internet ou via certaines applications — peuvent permettre d'alléger encore davantage votre facture. Acheter en grande quantité peut aussi s'avérer rentable, notamment pour les produits de base comme les pâtes, le riz, les légumineuses ou les épices. Il vous suffit ensuite de cuisiner en grandes portions, de consommer les restes sur plusieurs jours ou de les congeler. Attention toutefois à ne pas acheter de grandes quantités de produits périssables que vous ne parviendriez pas à consommer à temps.

Les fruits et légumes de saison sont à privilégier : ils sont souvent moins chers, plus savoureux et disponibles localement. Aller au marché en fin de journée permet parfois de négocier les prix, et acheter directement chez les producteurs favorise à la fois votre budget et l'économie locale. Si vous disposez d'un petit jardin, cultiver vos propres légumes ou herbes aromatiques est une excellente manière de faire des économies tout en gagnant en qualité.

Enfin, limiter la consommation de plats industriels, de snacks et de boissons sucrées permet de réduire considérablement les dépenses tout en améliorant la qualité de votre alimentation. Cuisiner soi-même, même simplement, revient bien moins cher et donne souvent plus de satisfaction. Pour éviter le gaspillage, il est aussi judicieux de transformer les restes : une soupe avec les légumes oubliés au fond du frigo, un smoothie avec des fruits trop mûrs, de la chapelure avec du pain rassis, ou encore du pain perdu pour un dessert savoureux.

En appliquant certains de ces conseils, vous pouvez significativement réduire votre budget alimentaire tout en continuant à manger sainement et avec plaisir.

Exemple 6 : *Jade, 17 ans, apprentie en alternance, a commencé à noter ses dépenses alimentaires dans un petit carnet. Elle a remarqué qu'elle dépensait 100 euros par mois uniquement en snacks et en sodas. En limitant ces achats, elle a pu économiser une somme non négligeable qu'elle utilise désormais pour suivre des cours de cuisine. En quelques semaines, elle a non seulement réduit ses dépenses, mais aussi développé une nouvelle passion.*

Dépenses pour la maison

L'entretien de la maison représente un autre poste de dépenses variable qui peut être optimisé sans renoncer à la propreté ni au confort. Plusieurs gestes simples et économiques permettent de faire la différence au quotidien.

Comme pour les courses alimentaires, il est judicieux de repérer les bonnes affaires grâce aux catalogues, aux sites internet ou aux applications mobiles dédiées. L'achat en grande quantité de produits d'entretien ou d'hygiène, lorsque cela est possible, vous permettra de réaliser des économies substantielles sur le long terme.

Adopter une approche préventive pour l'entretien de votre logement peut également éviter de nombreuses dépenses imprévues. En prenant soin régulièrement de vos équipements — chaudière, électroménager, tondeuse ou autres —, vous limitez le risque de panne et prolongez leur durée de vie. Nettoyer les gouttières, entretenir les joints de carrelage ou les filtres de ventilation, protéger les sols ou nourrir les meubles en bois sont autant de gestes simples qui vous évitent des remplacements ou réparations coûteuses.

De plus, apprendre à effectuer certaines petites réparations vous-même peut représenter une réelle source d'économie. Reboucher un trou, refaire un joint ou remplacer un robinet sont des gestes accessibles grâce aux nombreux tutoriels disponibles en ligne. Pour les travaux plus importants, il est toujours préférable de demander plusieurs devis avant de faire appel à un professionnel. En comparant les offres et en privilégiant les artisans locaux, il est souvent possible d'obtenir un bon équilibre entre qualité de service et coût.

Les équipements de la maison — électroménager, mobilier, outils de bricolage — peuvent aussi être acquis à moindre prix. Acheter d'occasion, profiter de promotions ou choisir des appareils reconditionnés permet de s'équiper à moindre coût tout en réduisant son impact environnemental. Miser sur des appareils à basse consommation est également un investissement rentable, car ils réduisent durablement vos factures d'énergie.

L'entretien du jardin ou des extérieurs vous offre aussi des opportunités d'économies. Choisir des plantes peu gourmandes en eau, récupérer l'eau de pluie pour l'arrosage ou entretenir correctement ses outils évite des dépenses superflues. Pour des tâches ponctuelles nécessitant un matériel coûteux, la location ou le prêt entre voisins peut se révéler bien plus avantageux que l'achat.

Si vous appliquez ces conseils, il devient possible d'entretenir votre logement et vos extérieurs avec soin tout en maîtrisant efficacement vos dépenses.

Crédits à la consommation

Les crédits à la consommation peuvent donner l'illusion d'un confort immédiat, mais ils ont un impact durable sur vos finances. Ils représentent un transfert de richesse future vers des plaisirs présents, souvent éphémères.

Derrière l'achat d'une voiture neuve, d'objets de luxe ou de vacances hors de prix se cache parfois un besoin de reconnaissance ou de validation sociale, qui peut coûter très cher. Comme le résume Warren Buffett : « Pour acheter des choses dont vous n'avez pas besoin, vous serez obligés de vendre ce dont vous avez besoin. »

Ces formes de crédit sont largement promues par les banques, les sociétés de financement et même les enseignes de grande distribution, car elles génèrent des marges importantes. Faciles à obtenir et à utiliser, les cartes de crédit ou les prêts renouvelables peuvent rapidement devenir un piège pour votre budget, en raison de taux d'intérêt très élevés. C'est pourquoi il est recommandé d'éviter autant que possible les paiements en plusieurs fois avec intérêts, de refuser les crédits renouvelables et de limiter l'usage du crédit à la consommation à des cas réellement exceptionnels.

Les crédits « Buy Now, Pay Later » (BNPL, ou « acheter maintenant, payer plus tard ») vous permettent d'acquérir un produit immédiatement tout en le réglant en plusieurs fois, souvent sans intérêts si les échéances sont respectées sur une courte période. Cette solution séduit par sa flexibilité et sa facilité d'accès, notamment lors d'achats en ligne. Mais cette apparente simplicité peut s'avérer trompeuse. En cas de retard de paiement, des frais supplémentaires s'ajoutent, augmentant sensiblement le coût total de l'achat. Ce type de financement peut facilement conduire à un surendettement, surtout si vous sous-estimez sa capacité à honorer plusieurs mensualités en parallèle.

Malgré son côté pratique, le BNPL comporte de réels dangers : conditions de paiement parfois opaques, frais dissimulés, et tentation d'acheter sans réelle nécessité. Les jeunes consommateurs, souvent moins aguerris en matière de gestion budgétaire, sont particulièrement exposés. Pour éviter les pièges, il est essentiel de bien lire les conditions de l'offre, de respecter scrupuleusement les échéances et d'utiliser ce type de service avec modération. Car, sous ses airs inoffensifs, le BNPL peut encourager des habitudes de consommation difficilement soutenables.

La meilleure stratégie pour réduire ces dettes reste de ne pas en contracter de nouvelles. Adopter un mode de vie en accord avec ses moyens et constituer une épargne de précaution permet de faire face aux imprévus sans avoir recours à l'emprunt.

Si vous avez déjà contracté des crédits à la consommation, il est essentiel de mettre en place un plan de remboursement adapté à votre situation.

Deux méthodes principales s'offrent à vous : la stratégie de la boule de neige, qui consiste à rembourser en priorité les plus petits crédits pour obtenir rapidement des résultats visibles, ou la méthode de l'avalanche, qui privilégie les dettes au taux d'intérêt le plus élevé afin de minimiser le coût total des intérêts. Le choix entre les deux dépend de votre personnalité et de votre besoin de motivation ou d'efficacité.

Dans certains cas, le regroupement de crédits peut permettre de simplifier la gestion et de réduire le montant des mensualités. Cependant, il est essentiel d'analyser attentivement les conditions proposées : si le taux est plus bas mais que la durée du crédit s'allonge fortement, vous pourriez payer beaucoup plus d'intérêts à terme.

Quelles que soient vos décisions, veillez toujours à respecter les échéances de remboursement afin d'éviter les pénalités de retard. Et soyez particulièrement prudents face aux offres trop allèchantes de certains organismes de crédit qui acceptent les dossiers refusés par les banques traditionnelles. Derrière cette apparente facilité se cachent souvent des taux exorbitants et un risque élevé d'endettement chronique.

Exemple 7 : *Stéphanie, une jeune diplômée de 23 ans, s'est retrouvée avec trois crédits à la consommation pour des montants modestes mais avec des taux d'intérêt élevés. En consolidant ses dettes auprès d'un seul organisme, elle a pu réduire ses mensualités de 30 % et retrouver une capacité de remboursement plus saine, ce qui lui a permis de solder ses dettes plus rapidement.*

Vêtements et accessoires

Renouveler sa garde-robe peut rapidement peser sur un budget, surtout si l'on aime suivre les tendances ou si l'on cède facilement aux achats impulsifs. Pourtant, il est tout à fait possible de rester élégant et bien habillé sans pour autant dépenser excessivement. La clé réside dans des choix réfléchis et durables.

Première règle : acheter moins, mais mieux. Privilégier des pièces intemporelles et de bonne qualité permet d'éviter l'accumulation de vêtements bon marché ou trop à la mode, qui se démodent vite et s'usent rapidement. Un bon jean bien coupé, un manteau classique ou une paire de chaussures solides peuvent vous accompagner plusieurs saisons, voire plusieurs années. À l'inverse, les vêtements bas de gamme s'abîment vite, obligeant à racheter souvent, ce qui revient plus cher sur le long terme.

Mieux encore, les vêtements de qualité sont souvent fabriqués avec des matériaux plus durables et dans des conditions éthiques, ce qui en fait également un choix plus responsable face aux dérives de la fast fashion. Adopter cette approche, c'est à la fois prendre soin de votre image, de votre budget et de la planète.

Les marges sur les vêtements étant généralement très élevées, les réductions et les soldes sont courantes. Profiter des promotions est donc une stratégie efficace pour économiser sur vos achats. Il est judicieux de repérer les périodes de réduction, comme les soldes saisonnières, le Black Friday ou les ventes privées en ligne. Certaines marques offrent également des réductions aux nouveaux clients ou via des programmes de fidélité. Inscrivez-vous aux newsletters de vos marques préférées ou utilisez des programmes de fidélité pour accéder à des réductions toute l'année.

Autre astuce souvent négligée : la négociation. Dans certaines boutiques, notamment indépendantes, il est tout à fait possible de demander un geste commercial, surtout si vous achetez plusieurs pièces. Par exemple, si vous avez repéré un pantalon qui vous plaît en deux coloris, demandez au vendeur s'il peut vous faire une remise si vous prenez les deux.

Les outlets représentent également une excellente opportunité. Ces magasins, souvent situés en périphérie des grandes villes, proposent des articles de marque à prix réduits – parfois jusqu'à -70 %. Planifiez vos visites durant les périodes de soldes ou les ventes privées pour maximiser vos économies. En regroupant vos achats dans ces centres plutôt que de céder à des achats ponctuels à prix fort, vous optimiserez vos dépenses vestimentaires.

Pensez aussi à l'occasion. Les friperies, vide-dressings et plateformes de revente en ligne regorgent de vêtements encore en excellent état, parfois même neufs, pour une fraction du prix d'origine. Vous pouvez même y dénicher des pièces de créateurs à petit prix. L'échange de vêtements entre amis ou lors d'événements dédiés est aussi une manière efficace de renouveler sa garde-robe à coût zéro.

Un bon entretien est essentiel pour prolonger la durée de vie de vos vêtements. Lavez à basse température, évitez le sèche-linge, rangez soigneusement vos affaires, et n'hésitez pas à faire réparer ou à customiser ce qui peut encore servir. Cela vous évitera bien des dépenses inutiles.

Enfin, fixez-vous un budget mensuel raisonnable pour vos achats vestimentaires. En adoptant une approche plus minimaliste et en vous posant la question « en ai-je vraiment besoin ? » avant chaque achat, vous éviterez les dépenses superflues tout en affirmant un style plus cohérent et durable.

En suivant certaines de ces astuces, il vous sera possible de réduire vos dépenses vestimentaires tout en conservant un style soigné et personnel.

Frais médicaux

Vos dépenses de santé peuvent représenter une part importante de votre budget, il existe plusieurs stratégies permettant de les optimiser tout en garantissant un bon niveau de soins. L'objectif n'est évidemment pas de négliger votre santé, mais de mieux gérer ces coûts en faisant des choix éclairés.

La prévention reste la stratégie la plus efficace. Adopter une alimentation équilibrée, faire de l'exercice régulièrement et limiter les comportements à risque comme le tabagisme ou l'alcool réduisent le recours aux soins. Des bilans de santé réguliers permettent également de détecter des problèmes à un stade précoce, évitant ainsi des traitements plus lourds et plus coûteux.

Un autre levier important concerne le choix de la mutuelle ou de l'assurance complémentaire. Il est essentiel d'adapter votre couverture à votre situation personnelle. Par exemple, certaines mutuelles proposent des jours de garde pour enfant malade, ce qui est très utile si vous avez de jeunes enfants... mais inutile si ce n'est pas votre cas. Une couverture bien choisie vous permettra de réduire votre reste à charge pour les soins courants, les lunettes, les consultations de spécialistes ou encore les séances de kinésithérapie. Prenez le temps de comparer les offres et d'ajuster les garanties à vos besoins réels.

Soyez également vigilant après chaque soin. Vérifiez systématiquement les remboursements reçus, et assurez-vous que les services auxquels vous avez droit sont toujours adaptés à votre situation. N'hésitez pas à contacter votre mutuelle pour connaître l'ensemble des prestations dont vous pouvez bénéficier, notamment en matière de soins dentaires, optiques ou auditifs. Certains employeurs vous remboursent également des frais médicaux (par exemple : remboursement des lunettes de vue), renseignez-vous.

De nombreuses campagnes de prévention – comme certains dépistages, bilans de santé ou vaccinations – sont proposées gratuitement ou à tarif réduit, souvent prises en charge par la mutuelle ou par l'État. Ces initiatives sont non seulement utiles pour votre santé, mais aussi pour votre portefeuille.

Autre astuce : privilégier les médicaments génériques. Ils contiennent les mêmes principes actifs que les médicaments de marque, mais à un prix nettement inférieur. Si votre pharmacien ne vous les propose pas spontanément, pensez à les demander.

Le choix du professionnel de santé peut aussi avoir un impact sur vos dépenses. Certains spécialistes pratiquent des dépassements d'honoraires importants. Renseignez-vous à l'avance sur les tarifs, et privilégiez les praticiens conventionnés, qui appliquent les prix remboursés par l'assurance maladie. Pour les soins coûteux, comme ceux des dents, des yeux ou de l'audition, demandez plusieurs devis afin de comparer les tarifs.

Évitez autant que possible les consultations aux urgences pour des soins non urgents : cela coûte souvent plus cher et implique de longues attentes. Dans ces cas, un rendez-vous chez votre médecin généraliste ou dans un centre médical est plus approprié.

Enfin, si vous avez recours à des médecines douces – comme l'ostéopathie, l'acupuncture ou la naturopathie – sachez qu'elles ne sont pas toujours remboursées, mais certaines mutuelles proposent une prise en charge partielle. Choisir des praticiens agréés et comparer les tarifs vous permettra de profiter de ces soins à un coût raisonnable.

En cas d'hospitalisation, demandez systématiquement un devis afin de connaître les frais à prévoir. Opter pour une chambre commune permet d'éviter des suppléments souvent élevés, tout en conservant un bon niveau de confort.

En appliquant ces conseils, vous pourrez réduire significativement vos frais médicaux tout en prenant soin de votre santé. Une bonne anticipation et une gestion proactive vous permettront de mieux protéger à la fois votre bien-être et votre budget.

Sorties

Avoir une vie sociale épanouie ne doit pas forcément rimer avec dépenses excessives. En adoptant une approche réfléchie, il est tout à fait possible de préserver votre équilibre financier tout en continuant à partager de bons moments. L'objectif : maximiser le plaisir, tout en maîtrisant son budget.

La première étape consiste à privilégier la qualité des relations plutôt que la quantité des sorties. Plutôt que d'enchaîner les restaurants ou les bars, pourquoi ne pas inviter vos amis chez vous pour un dîner, un apéritif ou une soirée jeux ? Un repas fait maison coûte jusqu'à cinq fois moins cher qu'un repas au restaurant. Ce type de moment, plus intime, favorise des échanges sincères et détendus, tout en étant bien plus économique.

Pensez aussi à varier les activités. De nombreuses options gratuites ou très abordables permettent de passer de bons moments : promenades, randonnées, pique-niques, expositions gratuites, concerts en plein air ou projections de films dans les parcs. De plus en plus de communes proposent des événements accessibles à tous, souvent répertoriés sur leurs sites ou leurs réseaux sociaux. Il suffit d'y jeter un œil régulièrement pour ne rien manquer.

Si vous aimez sortir au restaurant ou boire un verre, soyez stratégique. Profitez des « happy hours », des formules déjeuner (généralement moins chères que les dîners) ou des jours de semaine pour sortir à moindre coût. Certains établissements proposent des réductions aux habitués ou via des cartes de fidélité. Des applications permettent aussi de repérer les bons plans, notamment des repas à prix réduit pour éviter le gaspillage. Vous pouvez également opter pour des lieux où les plats sont à partager : c'est souvent plus économique et cela renforce la convivialité.

Pensez aussi à alterner les plaisirs : une sortie, un repas à domicile, un plat à emporter… Cela permet d'équilibrer vos dépenses tout en diversifiant les expériences. Organiser un apéritif dînatoire chez vous est souvent aussi festif qu'un restaurant, pour une fraction du prix.

Et si les sorties devenaient aussi l'occasion de faire quelque chose d'actif ou de créatif ? Proposez à vos amis des défis sportifs (foot, tennis, jogging), des soirées à thème (karaoké, ciné-club, dégustation de vins), ou encore des ateliers cuisine où chacun apporte un ingrédient. Ce sont autant de moyens de partager des moments forts sans faire chauffer la carte bancaire.

En fin de compte, gérer ses dépenses de sortie ne signifie pas se priver. C'est simplement faire des choix plus conscients et inventifs. En adoptant une approche plus sélective et créative, vous profiterez pleinement de votre vie sociale tout en respectant vos objectifs financiers.

Exemple 8 : *Lucas, 20 ans, étudiant en architecture, vit dans un petit logement universitaire. Comme beaucoup d'étudiants, il aime sortir, voir ses amis et profiter des soirées, mais son budget est serré. Plutôt que de dépenser 6 à 8 euros par boisson en bar, Lucas et ses amis organisent des "before" chez lui ou chez d'autres amis. Chacun ramène une bouteille ou des snacks, et l'ambiance est souvent aussi bonne -voire meilleure- qu'en soirée. Résultat : Lucas dépense trois fois moins en boisson et arrive en soirée déjà bien lancé.*

Transports

Les dépenses liées aux transports peuvent peser lourd dans votre budget mensuel, en particulier lorsqu'on utilise une voiture au quotidien. Carburant, entretien, assurance, péages, parking... les coûts s'accumulent vite. Si vous ne prenez pas le temps de les anticiper, ces frais peuvent vite représenter un poids considérable dans votre budget. Pourtant, avec quelques réflexes simples, il est tout à fait possible de réduire ces coûts sans renoncer au confort que la voiture apporte.

Réduire les dépenses liées à l'usage de la voiture

Le carburant est sans doute l'une des charges les plus visibles. Pour le réduire, il existe des astuces simples mais efficaces : adopter une conduite souple, éviter les accélérations brusques, et maintenir une vitesse constante permettent de consommer moins. Vous pouvez alléger votre véhicule : les charges inutiles augmentent la consommation. Vérifiez aussi régulièrement la pression de vos pneus : des pneus sous-gonflés augmentent la consommation de carburant. Enfin, comparer les stations et utiliser des applications pour repérer les prix les plus bas peut vous faire économiser plusieurs dizaines d'euros chaque mois.

L'entretien est un autre poste incontournable. Attendre qu'une pièce casse pour réagir coûte toujours plus cher que de prévenir. Une vidange régulière, le remplacement du filtre à air et un contrôle des freins prolongent la durée de vie de votre voiture et évitent des réparations plus lourdes. Si vous avez un minimum de curiosité, certaines tâches simples peuvent être faites par vous-même, comme le remplacement des essuie-glaces ou des ampoules. Ces petites actions peuvent sembler anodines, mais elles réduisent considérablement la facture du garage.

L'assurance voiture est une dépense obligatoire, mais elle peut varier énormément d'une compagnie à l'autre. Pour éviter de payer trop cher, il est essentiel de comparer régulièrement les offres, notamment grâce aux comparateurs en ligne. N'hésitez pas à négocier votre contrat ou à changer d'assureur si vous trouvez une formule équivalente à moindre coût. Choisir une assurance adaptée à votre véhicule et à votre profil de conducteur est également primordial : si votre voiture a déjà plusieurs années, l'assurance tous risques n'est peut-être plus nécessaire. Par ailleurs, opter pour une franchise un peu plus élevée ou regrouper plusieurs contrats (habitation, auto, etc.) chez le même assureur peut vous faire économiser des dizaines, voire des centaines d'euros par an.

Les péages représentent un autre poste de dépense qui pèse sur les longs trajets. Pour en réduire le coût, commencez par planifier vos déplacements : parfois, éviter les autoroutes au profit de routes nationales peut diviser votre budget par deux, tout en vous faisant découvrir de nouveaux paysages. Si vous empruntez régulièrement les autoroutes, envisagez un abonnement télépéage avec réduction, car certaines formules offrent jusqu'à 30 % de remise sur les trajets fréquents. De plus, partager les frais grâce au covoiturage transforme un péage coûteux en une charge minime, voire neutre, tout en rendant le voyage plus convivial.

Le stationnement est un coût souvent sous-estimé dans le budget lié à la voiture. Les parkings payants en ville, les horodateurs et les amendes pour stationnement non payé peuvent rapidement alourdir vos dépenses. Pour économiser, privilégiez les parkings relais à l'entrée des villes, souvent moins chers et bien desservis par les transports en commun. Certaines applications mobiles permettent également de repérer en temps réel les zones de stationnement gratuit ou les places disponibles dans les rues avoisinantes. Si vous stationnez régulièrement au même endroit, renseignez-vous sur les abonnements mensuels ou trimestriels, qui reviennent beaucoup moins cher que le paiement à l'heure. Enfin, évitez les amendes en restant vigilant : une simple alerte sur votre téléphone pour rappeler la fin du temps de stationnement peut vous éviter des frais inutiles.

Remplacer la voiture ?

La meilleure façon de réduire les dépenses liées à votre véhicule reste de limiter son utilisation lorsqu'elle n'est pas indispensable.

Il existe de nombreuses façons de se déplacer plus intelligemment, tout en réduisant vos frais et votre impact environnemental.

En milieu urbain, les transports en commun représentent une solution pratique et économique. Bus, tram, métro ou train coûtent généralement bien moins cher qu'une voiture personnelle. De plus, des abonnements ou cartes de réduction existent pour les étudiants, les seniors ou les travailleurs réguliers, ce qui permet de faire baisser encore la facture.

Pour les déplacements courts, rien de mieux que la marche ou le vélo. En plus d'être gratuits, ils sont excellents pour la santé et l'environnement. De nombreuses villes proposent aussi des systèmes de location de vélos ou de trottinettes en libre-service, parfois à des tarifs très avantageux. Pour les trajets plus longs, louer une voiture peut s'avérer intéressant.

Certaines collectivités locales et entreprises offrent des aides financières pour l'achat d'un vélo, l'abonnement aux transports en commun ou encore le covoiturage. N'hésitez pas à vous renseigner : ces coups de pouce peuvent faire une vraie différence.

Enfin, pensez à utiliser des applications de mobilité pour comparer les trajets en temps réel (durée, coût, mode de transport). Cela permet de choisir l'option la plus rapide et la plus économique, selon votre planning.

En combinant les bons réflexes – transports en commun, voiture de location, déplacements à pied ou à vélo, éco-conduite et entretien du véhicule – vous pouvez réduire considérablement vos frais de transport. Et vous contribuez en même temps à un mode de vie plus sain et respectueux de l'environnement.

Éducation et formations

Se former tout au long de la vie est devenu indispensable pour rester compétitif sur le marché du travail ou tout simplement pour enrichir ses connaissances. Heureusement, il est aujourd'hui possible d'accéder à des formations de qualité sans pour autant dépenser des sommes importantes.

L'un des moyens les plus efficaces de réduire les coûts d'apprentissage est d'opter pour des formations en ligne gratuites. De nombreuses plateformes proposent des contenus variés et bien conçus, accessibles à tous, quel que soit le niveau de départ. Ces formations couvrent une multitude de domaines, allant de l'informatique au développement personnel, en passant par les langues, la gestion ou encore le marketing.

Les MOOC (Massive Open Online Courses) constituent également une excellente solution. Proposés par des universités renommées ou des experts du secteur, ces cours en ligne sont souvent gratuits ou à très faible coût. Ils comprennent généralement des vidéos, des quizz, des exercices pratiques et parfois même des certificats de réussite. En suivant un MOOC, on peut apprendre à son rythme, depuis chez soi, sans avoir à supporter les frais liés à un établissement physique ou aux déplacements.

Par ailleurs, certaines formations peuvent être financées, partiellement ou totalement, par des dispositifs publics ou des employeurs. Selon votre statut (salarié, indépendant, demandeur d'emploi...), il existe des aides spécifiques comme les chèques-formation, les comptes personnels de formation ou les subventions régionales. Il est utile de se renseigner auprès des organismes compétents pour bénéficier de ces soutiens.

Les bibliothèques universitaires et municipales restent aussi une ressource précieuse. Elles donnent accès gratuitement à des manuels, des revues spécialisées, des bases de données ou encore des cours en ligne, ce qui permet d'éviter l'achat de documents coûteux.

Quand l'achat de matériel pédagogique est indispensable, privilégier les livres d'occasion est une bonne pratique. De nombreuses plateformes permettent de trouver des manuels à moindre coût. Il est également possible de revendre ses anciens livres pour en amortir le prix.

En combinant les ressources gratuites, les aides disponibles et les bons réflexes d'achat, il est tout à fait possible de vous former efficacement sans dépasser votre budget. Ce type d'investissement personnel, peu coûteux mais à fort potentiel, est l'un des meilleurs moyens d'accroître vos compétences tout en maîtrisant vos finances.

Exemple 9 : *Alain, 48 ans, assistant administratif, a décidé de se réorienter après des années dans le même secteur. Pour limiter ses dépenses, il s'est tourné vers des formations subventionnées par l'État, proposées par des organismes publics ou des associations professionnelles. Il a également découvert que certaines universités et plateformes en ligne, souvent en partenariat avec des institutions locales, offrent des cours certifiants gratuits ou à tarif réduit. En combinant ces solutions avec des formations financées par son employeur dans le cadre du développement des compétences, Alain a pu acquérir de nouvelles qualifications sans alourdir son budget. Grâce à ces efforts, il est aujourd'hui prêt à entamer une nouvelle étape professionnelle, dans un domaine qui lui correspond davantage, avec des compétences solides et une reconnaissance officielle de son parcours.*

Cadeaux

Il est tout à fait possible de réduire votre budget consacré aux cadeaux tout en conservant une belle attention et une réelle générosité. L'essentiel réside dans l'anticipation, la créativité et la personnalisation.

Planifier ses achats à l'avance permet d'éviter les dépenses impulsives ou de dernière minute, souvent plus onéreuses. En anticipant, vous avez le temps de repérer les bonnes affaires et de profiter de périodes de promotions comme les soldes d'été, le Black Friday ou les ventes privées. Acheter un cadeau en juillet pour Noël, par exemple, permet non seulement d'économiser, mais aussi de choisir avec plus de soin.

Autre astuce : utiliser les sites de cashback. En passant par ces plateformes pour vos achats en ligne, vous récupérez une partie du montant dépensé sous forme de bon d'achat ou de remboursement. Certaines proposent aussi des réductions exclusives sur des enseignes bien connues, ce qui augmente encore les économies possibles.

Les cadeaux faits maison sont une alternative à la fois économique et pleine de charme. Offrir un présent que vous avez pris le temps de réaliser vous-même renforce la valeur affective du geste. Des biscuits, des confitures, des chocolats dans un joli emballage, une bougie parfumée, un album photo personnalisé ou encore un carnet de souvenirs sont autant d'idées simples mais marquantes.

Pensez également aux cadeaux d'occasion, qui gagnent en popularité. Vous pouvez dénicher des objets en excellent état sur les plateformes de seconde main, dans les magasins de déstockage ou en brocante. Un livre rare, un vinyle recherché ou un objet de collection peuvent se révéler bien plus intéressants qu'un cadeau neuf sans âme, tout en coûtant beaucoup moins cher.

Offrir un cadeau groupé est aussi une bonne stratégie. En vous associant avec d'autres membres de votre entourage, vous pouvez proposer un présent plus significatif, comme une sortie, un spectacle, une activité, ou un objet utile et durable, tout en partageant équitablement les frais.

Enfin, privilégier les expériences plutôt que les objets est souvent une option gagnante. Un moment passé ensemble, comme une visite, un massage, un atelier ou un repas spécial, crée des souvenirs durables qui marquent davantage qu'un bien matériel.

En adoptant ces différentes approches, vous pourrez faire plaisir à vos proches tout en respectant votre budget et en donnant davantage de sens à vos cadeaux.

Réduisez vos dépenses exceptionnelles

Voyages

Réserver ses voyages à l'avance permet généralement de bénéficier de meilleurs tarifs, que ce soit pour les transports, l'hébergement ou les activités. Lorsque c'est possible, évitez les périodes de haute affluence, comme les vacances scolaires ou les fêtes de fin d'année, où les prix sont au plus haut.

Les offres combinées proposées par les tour-opérateurs (vol + hébergement) sont souvent plus intéressantes que les réservations séparées. Inversement, les offres de dernière minute peuvent être avantageuses si vous êtes flexible. Dans tous les cas, prenez le temps de comparer pour choisir la solution la mieux adaptée à vos besoins.

Si vous réservez vous-même, sachez que les prix peuvent varier selon votre localisation ou votre historique de navigation. Utiliser un VPN peut parfois faire apparaître des tarifs plus bas, en simulant une autre position géographique ou une première recherche. Cela permet aussi d'éviter les hausses de tarifs après plusieurs recherches pour le même vol.

Pour les billets d'avion, les comparateurs en ligne sont de précieux alliés. La flexibilité sur les dates permet souvent d'économiser. Côté hébergement, bien que les grandes plateformes offrent une grande sélection, elles appliquent souvent des frais supplémentaires. Contacter directement l'établissement peut permettre de négocier un tarif plus avantageux. Éviter les petits-déjeuners à l'hôtel, souvent chers pour une qualité moyenne, est aussi une bonne astuce. Certains hôtels d'affaires offrent des tarifs attractifs le week-end.

Pensez aussi à anticiper les frais bancaires liés à vos paiements sur place. Retirer un peu de monnaie locale avant le départ est utile, mais les distributeurs automatiques peuvent s'avérer coûteux selon les banques. Évitez les bureaux de change des aéroports, qui pratiquent généralement des taux peu favorables.

En dehors de la zone euro, les paiements par carte de crédit sont souvent plus avantageux que ceux par carte de débit, notamment en raison des taux de change. En revanche, pour les retraits, la carte de débit reste généralement plus économique. N'oubliez pas de débloquer l'usage de votre carte à l'étranger auprès de votre banque avant de partir.

Avant de souscrire une assurance voyage ou annulation, vérifiez les garanties déjà incluses dans vos assurances habituelles ou celles de votre carte bancaire. Cela peut vous éviter une dépense inutile.

Sur place, renseignez-vous sur les jours gratuits dans les musées ou les sites culturels. L'achat d'un pass touristique peut également offrir des réductions intéressantes sur plusieurs attractions. Des applications d'audioguides gratuits permettent enfin de remplacer avantageusement les visites guidées payantes.

Exemple 10 : *Marc, 45 ans, et Sophie, 42 ans, un couple de dessinateur et scénariste, souhaitaient visiter Lisbonne tout en respectant leur budget. Marc a réservé leur vol et leur hébergement trois mois à l'avance, ce qui leur a permis d'économiser 140 € sur les billets. Sophie a contacté directement un petit hôtel du centre-ville, qui leur a accordé une réduction de 15 %, soit 120 €*

d'économie. Une fois sur place, ils ont visité plusieurs musées gratuitement les jours offerts au public, économisant encore 50 €. Résultat : ils ont pu profiter pleinement de leur séjour tout en maîtrisant leurs dépenses.

Voiture

Si vous envisagez d'acheter votre propre véhicule, prenez le temps d'analyser précisément vos besoins et d'évaluer l'ensemble des frais annexes : assurance, carburant, entretien, réparations, taxes éventuelles... Ces éléments, souvent sous-estimés, peuvent rapidement alourdir le coût global de votre voiture.

L'achat d'un véhicule d'occasion constitue souvent une option plus économique que celle d'un véhicule neuf. Les modèles récents, âgés de un à trois ans, offrent généralement un bon compromis entre prix réduit et fiabilité, d'autant plus s'ils sont encore couverts par une garantie constructeur. En revanche, méfiez-vous des véhicules trop anciens ou proposés à des prix très bas : ils peuvent engendrer des frais d'entretien élevés et une consommation plus importante.

Si vous préférez acheter une voiture neuve, choisissez bien le moment de votre achat. Les prix sont souvent plus attractifs en fin d'année, lors des campagnes de déstockage, ou après le lancement d'un nouveau modèle, ce qui fait chuter la valeur des anciennes versions. Les salons automobiles peuvent également être l'occasion de bénéficier de remises intéressantes. Pensez à négocier : la reprise de votre ancien véhicule, des équipements offerts ou une réduction sur le prix peuvent faire la différence.

Dans tous les cas, comparez les offres. Utilisez les sites de comparaison en ligne, demandez plusieurs devis et ne vous contentez jamais de la première proposition. Les concessionnaires sont souvent plus enclins à faire un geste commercial en fin de mois ou en fin d'année pour atteindre leurs objectifs. Soyez également vigilant face aux frais additionnels : certaines options, comme le gravage des vitres ou les extensions de garantie, peuvent être présentées comme obligatoires alors qu'elles ne le sont pas forcément.

Si vous avez besoin d'un financement, comparez attentivement les conditions des prêts auto. Les crédits à 0 % proposés par certains vendeurs peuvent sembler avantageux, mais ils limitent souvent les marges de négociation sur le prix d'achat. Dans certains cas, un crédit bancaire classique assorti d'une bonne remise sur le véhicule s'avère plus intéressant.

Enfin, si vous envisagez un leasing, évaluez avec soin les conditions du contrat. Ce type de financement peut offrir une certaine flexibilité, mais il reste rarement avantageux pour les particuliers à long terme, surtout si vous roulez peu ou si vous comptez garder votre véhicule plusieurs années.

Meubles

Lorsque vous devez acheter du mobilier, plusieurs stratégies vous permettent de réduire significativement les coûts, sans pour autant faire de compromis sur la qualité ou l'esthétique.

L'achat d'occasion constitue une solution particulièrement intéressante. En explorant les plateformes de seconde main, les dépôts-vente, les brocantes ou encore les ventes aux enchères, vous pouvez dénicher des pièces solides, originales et bien entretenues à des prix nettement inférieurs au neuf. Certaines trouvailles peuvent même apporter un charme unique à votre intérieur.

Le mobilier en kit, proposé par de nombreuses enseignes, est une autre alternative économique. Ces meubles à monter soi-même sont souvent moins chers que ceux livrés montés, car les coûts de fabrication, de stockage et de transport sont réduits. En plus d'être accessibles, ils offrent un large éventail de styles, de tailles et de configurations, adaptés à tous les goûts et à tous les espaces.

Les périodes de promotions sont idéales pour réaliser de bonnes affaires. Les soldes, le Black Friday, les fins de série ou les ventes privées permettent d'obtenir des réductions importantes. En vous inscrivant aux newsletters de vos enseignes préférées, vous pouvez accéder à des offres exclusives ou être informé en avant-première des meilleures opportunités.

Ne sous-estimez pas non plus la possibilité de négocier. Cela fonctionne particulièrement bien dans les magasins indépendants ou chez les déstockeurs. Les modèles d'exposition ou présentant de petits défauts peuvent faire l'objet de remises intéressantes. Si vous achetez plusieurs pièces, vous avez également une marge de manœuvre pour obtenir un rabais global. Par exemple, l'achat simultané d'un canapé et d'une table basse assortie peut justifier une réduction. Les marges dans le secteur du meuble étant généralement élevées, la négociation est souvent envisageable.

Acheter en lot ou en grande quantité peut également vous faire bénéficier de tarifs dégressifs, notamment si vous aménagez plusieurs pièces en même temps. Certaines enseignes offrent des packs meubles avec des remises spéciales à l'achat groupé.

Enfin, privilégier les circuits courts ou l'achat direct auprès des fabricants peut s'avérer très avantageux. En éliminant les intermédiaires, vous pouvez accéder à des meubles de qualité, parfois même sur mesure, à des tarifs compétitifs. Certains artisans locaux proposent des créations personnalisables, alliant esthétisme, durabilité et bon rapport qualité-prix.

En combinant ces différentes approches, vous avez toutes les clés en main pour aménager un intérieur confortable, élégant et adapté à vos besoins, sans dépasser votre budget.

Exemple 11 : *Lucas, 22 ans, apprenti-boucher, venait tout juste d'emménager dans son premier appartement et devait le meubler entièrement avec un budget serré. Pour optimiser ses dépenses, il a profité d'une offre groupée dans une grande enseigne, bénéficiant de 20 % de remise sur un ensemble comprenant un lit, une armoire et un bureau. Cette réduction lui a permis d'économiser 180 €. Il a ensuite trouvé une table d'occasion en bon état lors d'un vide-greniers pour seulement 30 €, alors qu'un modèle équivalent neuf coûtait 80 €. Grâce à ces choix avisés, Lucas a économisé au total 230 €, qu'il a pu réinvestir dans l'achat d'une chaise de bureau ergonomique, un élément essentiel pour son confort au quotidien.*

Electronique/électroménager

Lorsque vous achetez des appareils électroniques ou électroménagers, plusieurs stratégies vous permettent de réduire considérablement vos dépenses, tout en vous équipant de produits performants, durables et adaptés à vos besoins.

Opter pour des modèles reconditionnés est une excellente solution. De nombreux sites spécialisés proposent des smartphones, ordinateurs, tablettes ou appareils électroménagers remis à neuf, testés et garantis. Ces produits offrent une qualité comparable au neuf pour un prix bien plus avantageux. En plus d'être économiques, ils sont aussi plus respectueux de l'environnement, car ils prolongent la durée de vie des équipements déjà produits.

Les « Repair Cafés » en Belgique et en France offrent une alternative économique et écologique pour la réparation d'appareils électroniques. Ces ateliers collaboratifs, animés par des bénévoles passionnés, vous permettent de réparer vos objets défectueux tels que téléviseurs, ordinateurs, petits électroménagers et équipements audio. C'est en général gratuit ou parfois avec une petite participation volontaire pour couvrir les frais.

Attendre les périodes de promotions peut également vous faire économiser de façon significative. Le Black Friday, le Cyber Monday, les soldes d'hiver ou d'été, ou encore les ventes privées sont autant d'occasions d'acheter à prix réduit. Lors de la sortie d'un nouveau modèle, les versions précédentes sont souvent bradées, ce qui vous permet de bénéficier d'un excellent rapport qualité-prix sans nécessairement viser le dernier cri.

Comparer les prix reste une étape incontournable avant tout achat. De nombreuses plateformes en ligne permettent de suivre l'évolution des tarifs, de repérer les meilleures offres, et d'être alerté lorsqu'un produit passe sous un certain seuil. Ces outils vous donnent un réel avantage pour acheter au moment le plus opportun.

Lorsque vous remplacez un appareil, renseignez-vous sur les programmes de reprise proposés par certaines enseignes. En échange de votre ancien produit, vous pouvez obtenir une remise immédiate ou un bon d'achat, réduisant le coût de votre nouvel équipement. Acheter en lot — par exemple, une imprimante et un ordinateur, ou une machine à laver et un sèche-linge — peut aussi vous faire bénéficier de remises supplémentaires.

Si vous préférez l'achat en magasin, n'hésitez pas à demander un geste commercial, surtout pour l'électroménager ou les téléviseurs. Dans certaines enseignes, les vendeurs disposent d'une marge de manœuvre pour accorder une réduction, offrir un accessoire ou ajuster le prix si vous achetez plusieurs appareils. Les cartes de fidélité et les programmes de cashback sont également utiles pour réduire votre facture finale, en vous permettant de cumuler des points ou de recevoir un remboursement partiel après achat.

Enfin, soyez vigilant avec les extensions de garantie proposées systématiquement au moment de l'achat. Elles ne sont pas toujours nécessaires : la garantie constructeur couvre souvent déjà deux ans, et certaines cartes bancaires incluent automatiquement une extension de garantie gratuite si l'achat est réalisé avec leur service.

En appliquant ces différentes astuces, vous pouvez considérablement alléger le budget consacré à l'électronique et à l'électroménager, tout en continuant à vous équiper de façon intelligente, durable et efficace.

Quelques techniques pour réduire vos dépenses impulsives

La société de consommation nous présente beaucoup de tentations et cela génère souvent des dépenses impulsives que vous pouvez regretter par la suite. Afin de combattre ces dernières, il existe des techniques qui ont fait leurs preuves :

La technique des 24h

Prendre un temps de réflexion avant de passer à l'achat est l'une des méthodes les plus efficaces pour contrer l'impulsivité. Avant d'acheter un vêtement de marque, un objet de décoration ou tout autre produit du quotidien, accordez-vous un délai de 24 heures. Très souvent, vous réaliserez que l'envie s'est estompée et que cet achat n'était pas si essentiel.

Pour les achats plus onéreux, comme un appareil électronique ou un meuble, un délai d'une semaine peut s'avérer encore plus bénéfique. Ce temps de recul vous permet d'évaluer votre réel besoin, de comparer les prix, de chercher des alternatives moins coûteuses, ou même de renoncer totalement à l'achat.

En intégrant cette habitude dans votre quotidien, vous apprenez à différer vos envies, à prendre du recul et à poser un regard plus critique sur votre consommation. Avec le temps, cette méthode renforce votre maîtrise budgétaire, réduit les achats regrettés et favorise une relation plus saine à l'argent.

La conversion en valeur temps

Cette approche repose sur un principe simple et très parlant : évaluer le prix d'un achat non pas en euros, mais en heures de travail. Par exemple, si vous gagnez 30 € nets de l'heure et qu'un article coûte 600 €, posez-vous la question : "Cet achat vaut-il vraiment 20 heures de mon travail ?"

Visualiser le coût d'un objet en temps de vie consacré à le financer change souvent la perception que l'on en a. Cela vous permet de hiérarchiser vos priorités, de mieux apprécier la valeur réelle des choses et de prendre des décisions plus conscientes.

Cette méthode renforce votre vigilance face aux achats superflus et vous aide à donner davantage de valeur à votre temps... et à votre argent.

Achetez comptant

Adopter le paiement en espèces pour vos achats non essentiels — comme les sorties, les restaurants ou les achats plaisir — est une technique simple mais redoutablement efficace pour mieux maîtriser vos dépenses. Plusieurs études en psychologie comportementale ont démontré que le fait de sortir des billets de votre portefeuille provoque une sensation plus marquée de « perte », ce qui freine naturellement l'impulsion d'achat.

À l'inverse, les paiements par carte, et plus encore par carte de crédit, procurent une gratification immédiate tout en masquant la réalité de la dépense. Le geste est rapide, sans douleur apparente, et il devient plus difficile de garder une perception juste de l'argent qui sort. Certaines entreprises l'ont bien compris et encouragent fortement les paiements numériques, car les études montrent que nous dépensons en moyenne 15 à 20 % de plus lorsque nous payons par carte.

En décidant de payer comptant, vous inversez cette dynamique. Vous devenez plus conscient de chaque euro dépensé, ce qui vous pousse naturellement à poser davantage de questions avant d'acheter : « Est-ce vraiment utile ? En ai-je vraiment envie ? ».

Résultat : vous reprenez le contrôle sur vos achats et faites des choix plus alignés avec vos objectifs financiers.

Échangez plutôt qu'achetez

Dans un monde où la consommation est omniprésente, l'échange s'impose comme une alternative intelligente et économique pour accéder à ce dont vous avez besoin sans dépenser inutilement. Plutôt que d'acheter systématiquement des vêtements, des livres ou des objets du quotidien, pourquoi ne pas explorer les nombreuses possibilités d'échange ?

Cette approche présente un double avantage : elle permet de réaliser des économies tout en donnant une seconde vie aux objets. Elle favorise également une consommation plus responsable et respectueuse de l'environnement. Les vêtements et les livres, en particulier, se prêtent très bien à cette pratique. Organiser une « swapping party » entre amis ou utiliser des plateformes spécialisées vous permet de renouveler votre garde-robe ou votre bibliothèque sans frais. Les boîtes à livres en libre accès, présentes dans de nombreuses villes, offrent aussi une excellente occasion de découvrir de nouvelles lectures gratuitement.

Mais les échanges ne se limitent pas aux objets personnels. Il est tout à fait possible d'échanger des outils, du matériel de sport ou même des services entre particuliers — un cours de langue contre une aide informatique, par exemple. Cette forme de troc moderne réduit vos dépenses, limite le gaspillage et crée des liens sociaux autour d'une entraide réciproque.

Adopter ce réflexe, c'est optimiser vos ressources tout en construisant un réseau solidaire et économique. Une belle façon de consommer autrement, avec bon sens et créativité.

Les jours sans dépenses

Instaurer un jour sans dépenses chaque semaine est une méthode simple, mais redoutablement efficace, pour reprendre le contrôle de votre budget et devenir plus conscient de vos habitudes de consommation.

Le principe est clair : vous choisissez un jour fixe — par exemple le dimanche — durant lequel vous vous interdisez toute dépense, que ce soit en espèces ou par carte. En créant cette pause volontaire dans votre rythme financier, vous apprenez à faire la distinction entre les achats nécessaires et les achats impulsifs. C'est aussi une façon de ralentir, de rompre avec la frénésie d'achat et d'adopter une approche plus posée et réfléchie.

Ce petit défi hebdomadaire produit de grands effets. Il vous aide à réduire les dépenses anodines mais répétées — un café à emporter, un article acheté sur un coup de tête, un repas livré par facilité — qui, mises bout à bout, pèsent lourdement sur votre budget. En parallèle, il vous pousse à explorer d'autres façons de profiter de votre temps : cuisiner avec ce que vous avez déjà dans les placards, lire un bon livre, faire une promenade, jouer avec vos enfants ou passer un moment convivial avec des amis... sans passer par la case paiement.

Au fil des semaines, ce rituel devient un outil puissant de discipline budgétaire. Vous planifiez mieux, vous anticipez vos besoins, vous gagnez en sérénité. Et surtout, vous réalisez que le plaisir et la richesse d'une journée ne dépendent pas toujours de ce que l'on dépense, mais bien de la manière dont on choisit de la vivre.

Une dernière remarque importante

On dit souvent que « le temps, c'est de l'argent », et cette idée illustre parfaitement le concept de **coût d'opportunité**. Chaque choix que vous faites a un coût caché : ce que vous perdez en renonçant à une autre option. Par exemple, si vous passez deux heures à chercher un parking gratuit en ville pour économiser 5 euros, vous perdez du temps que vous auriez pu consacrer à travailler, à vous former, ou simplement à vous reposer. Ces deux heures ont une valeur bien plus élevée que les quelques euros économisés.

Il est parfois plus intelligent de dépenser un peu plus si cela vous permet de gagner du temps ou de l'efficacité. Prenons le cas du transport : payer un billet de train légèrement plus cher pour un trajet direct peut être plus rentable que de passer des heures dans des correspondances, surtout si vous pouvez utiliser ce temps pour avancer dans vos projets ou même gagner de l'argent. De la même façon, un outil ou un service de qualité qui facilite votre quotidien peut vous faire gagner un temps précieux, qui vaut bien plus que l'économie réalisée en choisissant une option moins chère.

Le coût d'opportunité nous rappelle qu'une dépense ne doit pas être jugée uniquement par son prix immédiat, mais par ce qu'elle vous permet de préserver ou de créer en retour. Si investir un peu plus vous libère du temps pour travailler sur vos objectifs ou profiter de moments importants avec vos proches, c'est souvent un excellent choix financier. L'argent se récupère, mais le temps perdu ne se rattrape jamais.

Exemple 12 : *Julie, 21 ans, étudiante en architecture, veut se rendre au Mexique rejoindre des amis. En comparant les prix des avions, elle sélectionne deux options : un vol direct à 850 euros ou un vol avec deux escales à 650 euros qui dure 12 heures de plus. Si Julie choisit le vol avec escales, elle économise 200 euros mais perd 12 heures de son temps. Si elle considère que son temps libre vaut ne serait-ce que 25 euros, les 12 heures perdues représentent une valeur de 300 euros. Finalement, le vol direct, bien que plus cher, est en réalité plus rentable, car il laisse à Julie plus de temps pour profiter de son voyage ou avancer dans ses projets.*

Conclusion

Réduire vos dépenses est un apprentissage continu qui repose sur l'adoption de nouvelles habitudes et une approche plus réfléchie de la consommation. Dans ce chapitre, vous avez découvert de nombreuses stratégies, certaines demandant un peu plus de préparation, d'autres étant faciles à mettre en place immédiatement. L'essentiel est de choisir celles qui s'adaptent le mieux à votre mode de vie et à vos objectifs financiers.

En prenant le temps d'évaluer vos habitudes et d'appliquer ces conseils, vous serez surpris de constater combien vous pouvez économiser sans pour autant sacrifier votre confort ou votre qualité de vie. Toutefois, il ne s'agit pas uniquement de dépenser moins, mais surtout de dépenser mieux. Faire des économies prend tout son sens lorsqu'elles servent un objectif : il ne s'agit pas de rogner sur tout, mais de cibler les postes où les réductions sont pertinentes et véritablement utiles.

Savoir où concentrer vos efforts vous permet d'optimiser votre budget sans tomber dans des sacrifices inutiles. Méfiez-vous des fausses économies : attendre des heures pour économiser quelques euros, multiplier les escales pour gagner quelques centimes sur un billet d'avion ou acheter du matériel bas de gamme qui devra être remplacé rapidement sont autant de décisions qui, à long terme, peuvent s'avérer contre-productives.

N'oubliez pas que votre temps est une ressource aussi précieuse que votre argent, voire davantage. Là où certaines personnes échangent du temps contre de l'argent, d'autres investissent intelligemment pour libérer du temps et créer plus de valeur.

L'essentiel est donc de trouver le bon équilibre entre économies et qualité de vie. Une gestion efficace de vos dépenses ne doit pas simplement vous permettre d'épargner : elle doit surtout vous rapprocher de la vie que vous souhaitez mener.

Dans le chapitre suivant, nous allons explorer une dimension complémentaire : augmenter vos revenus. Car si maîtriser vos dépenses est indispensable, développer vos sources de revenus vous donne la liberté d'aller encore plus loin dans la réalisation de vos projets.

Exercice 1 : Examinez vos dépenses fixes, variables et exceptionnelles

- Répertoriez toutes vos dépenses dans les trois catégories.
- Classez les par ordre décroissant.
- Quelles sont celles que vous pensez-pouvoir déduire ou éliminer ?
- Fixez-vous trois dépenses par mois à travailler pour les trois mois qui viennent.

Exercice 2 : Revoyez vos crédits hypothécaires

- Revoyez une fois l'an les offres de crédit hypothécaire du marché, de préférence en début d'année ou lorsque les taux directeurs baissent.
- Quelle meilleure offre pouvez-vous obtenir sur vos prêts existants ?

Exercice 3 : Revoyez vos contrats d'énergie

- Revoyez une fois l'an les offres des fournisseurs d'électricité et de gaz.
- Quelle meilleure offre pouvez-vous obtenir pour votre consommation ?

Exercice 4 : Revoyez vos contrats d'assurance

- Une fois par an, reprenez une assurance parmi votre portefeuille d'assurances.
- Examinez en détails le contrat et déterminez ce qui vous convient, est superflu et vous manque.
- Comparez avec les offres de la concurrence

- Si vous trouvez mieux, essayez de négocier le contrat existant ou résiliez-le.

Exercice 5 : Revoyez vos frais bancaires

- Analysez tous les frais pris par votre banque l'année dernière.
- Est-ce que les prélèvements pris sont tous justifiés ?
- Pourriez-vous les réduire ? Si oui, de combien ?

Exercice 6 : Examinez votre consommation en ligne

- Examinez toutes vos dépenses d'achat de services et d'objets en ligne.
- Est-ce qu'une approche de ces sites d'achat à travers un VPN vous permettrait d'économiser des montants substantiels ? Si oui, de combien ?

Exercice 7 : Analysez vos dépenses variables

- Listez vos trois plus grosses dépenses variables
- Trouvez une solution pour en réduire au moins une pour les trois mois qui viennent sans trop impacter votre qualité de vie.

Exercice 8 : Réduisez vos dépenses non-essentielles

- Pendant un mois, réduisez volontairement vos dépenses non essentielles (restaurants, vêtements, abonnements superflus, etc.).

- Trouvez des alternatives économiques : cuisiner à la maison, utiliser les transports en commun, privilégier les activités gratuites.
- À la fin du mois, calculez combien vous avez économisé et réfléchissez aux nouvelles habitudes que vous souhaitez conserver.

Chapitre 6 :
Augmenter ses revenus

Ce n'est pas uniquement en réduisant vos dépenses que vous bâtirez votre richesse, mais surtout en augmentant significativement vos revenus, tout en maîtrisant vos charges. Il est souvent plus efficace de chercher à gagner davantage que de vous restreindre pour économiser quelques euros.

Pour cela, plusieurs options s'offrent à vous. Vous pouvez optimiser les revenus que vous percevez déjà, bien que cela ne soit pas toujours évident, ou explorer de nouvelles sources de revenus en complément de celles existantes. Cette seconde approche s'avère souvent la plus judicieuse, car diversifier vos sources de revenus vous permet de ne plus dépendre d'un seul canal, généralement le salaire.

Trop de personnes vivent exclusivement de leur salaire et se retrouvent sous une pression immense lorsqu'une difficulté professionnelle survient. La perte d'emploi ou un changement inattendu peuvent alors mettre en péril l'ensemble de leur équilibre financier.

Comme nous l'avons vu dans le chapitre 3, il existe des revenus actifs, qui nécessitent un travail, et des revenus passifs ou semi-passifs, qui en exigent peu ou pas du tout. Commençons par explorer ce que vous pouvez faire pour augmenter vos revenus actifs.

Augmenter ses revenus actifs

Salarié

En tant que salarié, votre rémunération dépend directement de la valeur que vous apportez à votre employeur. Mais comment pouvez-vous l'augmenter de manière concrète et durable ?

La première piste est celle de la négociation salariale. À condition de disposer d'arguments solides, vous pouvez demander une revalorisation de votre salaire. Pour cela, développez vos compétences : suivez des formations, obtenez des certifications, élargissez votre expertise. Plus vos compétences sont rares et recherchées, plus vous serez en mesure d'apporter de la valeur à votre entreprise – et donc de prétendre à une meilleure rémunération.

Appuyez-vous également sur vos résultats : démontrez concrètement vos contributions, vos réussites et l'impact de votre travail. Vous pouvez aussi viser de nouvelles responsabilités ou envisager des opportunités plus avantageuses, que ce soit au sein même de votre entreprise ou en externe.

Dans tous les cas, l'objectif est de renforcer votre position de manière crédible et professionnelle. Évitez d'imposer un rapport de force. Par exemple, menacer de partir au moment où vous êtes indispensable à un projet risque de détériorer la relation avec votre employeur, même si vous obtenez gain de cause. Une négociation réussie repose sur un équilibre gagnant-gagnant.

Si l'entreprise le permet, soyez créatif dans votre négociation : au-delà d'une augmentation fixe, explorez la possibilité d'un bonus lié à la performance, d'avantages en nature (voiture, tickets restaurant, jours de congé supplémentaires, télétravail, formations financées, etc.). Pensez également à maximiser les primes en atteignant – voire en dépassant – vos objectifs annuels.

Il est souvent plus facile de négocier un salaire plus élevé lorsque vous postulez pour un nouveau poste que lorsque vous êtes déjà en poste. Pour cela, cultivez vos compétences et développez votre réseau : les opportunités les plus intéressantes se trouvent rarement sur les sites d'emploi, mais bien par le bouche-à-oreille. Les nouvelles recrues sont souvent mieux rémunérées que celles promues en interne.

Analysez votre valeur sur le marché, ciblez des offres cohérentes avec votre profil et multipliez les candidatures. Et surtout, préparez-vous sérieusement à la négociation salariale dès l'entretien d'embauche.

Exemple 1 : *Thomas, 33 ans, travaille comme assistant commercial dans une entreprise technologique. Conscient qu'il n'évoluera pas sans renforcer ses compétences, il suit une formation en gestion de projet et obtient une certification reconnue. Grâce à cette nouvelle corde à son arc, il démontre sa capacité à gérer des projets plus complexes et parvient à négocier une augmentation de 15 %, passant de 2 500 € à 2 875 € net par mois.*

Indépendant

Si vous exercez une activité en tant qu'indépendant, augmenter votre rémunération personnelle n'est pas toujours la solution la plus avantageuse sur le plan fiscal. En effet, l'imposition sur les revenus personnels est généralement plus élevée que celle appliquée aux bénéfices des entreprises. Il est donc souvent plus judicieux de conserver des liquidités dans votre société et de les réinvestir intelligemment pour faire fructifier votre patrimoine. Cela ne signifie pas pour autant que vous ne devez pas chercher à accroître votre chiffre d'affaires et, surtout, vos bénéfices.

Plusieurs leviers stratégiques peuvent vous y aider. Tout d'abord, il est essentiel de revoir régulièrement vos tarifs en fonction de la valeur que vous apportez à vos clients. De nombreux indépendants ont tendance à sous-évaluer leur expertise, par crainte de perdre des contrats. Pourtant, une augmentation progressive de vos tarifs, justifiée par une amélioration du service ou une spécialisation plus poussée, est souvent bien acceptée.

Développer une expertise pointue dans un domaine spécifique est un excellent moyen d'augmenter votre valeur perçue. En vous positionnant comme un spécialiste, vous pourrez justifier des tarifs plus élevés et attirer une clientèle prête à payer davantage pour des prestations de qualité. Pour cela, la formation continue, la veille sectorielle et la valorisation de vos compétences sur les plateformes professionnelles sont des outils précieux.

Une autre stratégie pertinente consiste à diversifier vos sources de revenus. Plutôt que de vous limiter à une seule activité ou à quelques clients, vous pouvez proposer des services complémentaires, créer du contenu monétisable ou développer des produits numériques comme des formations en ligne, des e-books ou des outils adaptés à votre secteur. Cette diversification vous permettra de mieux absorber les fluctuations d'activité.

L'optimisation de votre temps de travail est également un levier puissant. En automatisant certaines tâches administratives, en déléguant lorsque cela est possible et en structurant efficacement vos journées, vous pourrez vous concentrer davantage sur les missions à forte valeur ajoutée. En augmentant votre productivité, vous pouvez accepter plus de projets sans nécessairement travailler davantage.

Votre visibilité joue aussi un rôle central. En développant votre réseau, en participant à des événements professionnels, en étant actif sur les réseaux sociaux ou en soignant votre image de marque, vous augmentez vos chances d'attirer de nouveaux clients et de justifier vos tarifs. Une bonne réputation est souvent votre meilleure alliée pour valoriser vos prestations et obtenir une rémunération à la hauteur de votre expertise.

Enfin, une gestion fiscale optimisée est indispensable pour maximiser vos bénéfices. Le choix du statut juridique, le régime fiscal adapté, l'arbitrage entre salaire et dividendes, l'utilisation des crédits d'impôt ou encore la déduction des dépenses professionnelles (loyers, matériel, déplacements, formations…) sont autant de leviers à votre disposition. Une bonne gestion de la TVA ou le recours à des dispositifs d'épargne et d'investissement avantageux, comme l'assurance-vie ou le plan d'épargne retraite, peuvent également alléger significativement votre charge fiscale.

Pour exploiter pleinement ces opportunités, il est recommandé de vous faire accompagner par un expert-comptable, qui saura vous guider dans le respect des réglementations tout en maximisant la rentabilité de votre activité.

En combinant ces différents axes de travail, vous pourrez progressivement accroître votre rémunération, pérenniser votre activité et améliorer votre qualité de vie.

Exemple 2 : *Julien, 26 ans, est coach sportif indépendant. Il proposait jusqu'alors des séances individuelles en salle ou en ligne, mais ses revenus plafonnaient autour de 1 500 € net par mois. Pour franchir un cap, il décide de repenser son offre. Il met en place un programme d'abonnement mensuel en ligne comprenant des séances de coaching vidéo, des plans d'entraînement personnalisés et des conseils nutritionnels. Il lance également des sessions de* *groupe en visioconférence, ce qui lui permet de toucher un public plus large tout en optimisant son temps. En parallèle, il revalorise ses tarifs et propose des services complémentaires pour mieux répondre aux besoins de ses clients. En seulement six mois, Julien voit ses revenus nets mensuels tripler, atteignant 4 000 €. Grâce à cette nouvelle approche, il a su développer son activité, fidéliser sa clientèle et gagner en sérénité financière.*

Activités complémentaires

En tant que salarié, il peut parfois être difficile d'obtenir une augmentation significative de votre rémunération. Une solution pertinente consiste alors à développer une activité complémentaire qui vous permettrait de générer des revenus supplémentaires, tout en valorisant vos compétences ou vos passions.

Au lieu de vous focaliser uniquement sur l'argent que vous aimeriez gagner, concentrez-vous sur la valeur que vous pouvez créer. Si vous proposez une solution concrète à un problème réel, la rémunération suivra naturellement. Plus votre activité répond à un besoin spécifique, plus elle a de chances de rencontrer un succès durable.

Selon vos goûts, vos disponibilités et vos talents, plusieurs options s'offrent à vous. Le développement du numérique a ouvert de nombreuses possibilités pour générer un revenu additionnel, souvent avec une grande flexibilité. Vous pouvez exercer ces activités en parallèle de votre emploi principal, à votre rythme.

L'une des voies les plus accessibles consiste à proposer vos services en **freelance**. Que vous ayez des compétences en rédaction, traduction, graphisme, marketing digital, programmation ou gestion des réseaux sociaux, vous pouvez offrir vos prestations à des clients variés, en fixant librement vos tarifs. Des plateformes spécialisées facilitent la mise en relation entre freelances et entreprises, vous permettant de trouver vos premières missions rapidement.

Si vous êtes à l'aise avec la création de contenu ou la promotion de produits, **le marketing d'affiliation** représente une autre solution. En recommandant des produits via un blog, une chaîne YouTube ou vos réseaux sociaux, vous pouvez percevoir des commissions sur chaque vente générée. Cette méthode devient particulièrement efficace lorsque vous avez développé une audience fidèle et engagée et que vous êtes perçu comme influenceur.

Si vous possédez **une expertise spécifique**, vous pouvez également monétiser votre savoir en proposant du contenu exclusif : newsletter payante, espace membre, groupe privé ou plateforme dédiée. Cette approche peut générer des revenus réguliers, à condition de produire un contenu de qualité et de fidéliser vos abonnés.

Créer **un site internet** autour d'un sujet de niche peut aussi s'avérer payant. Un site bien référencé peut attirer un trafic constant et générer des revenus via la publicité, des partenariats ou des articles sponsorisés. De la même manière, une chaîne YouTube bien animée peut devenir une source de revenus publicitaires et ouvrir la voie à des collaborations avec des marques.

La vente de **formations en ligne** est particulièrement adaptée si vous souhaitez partager une expertise approfondie. Vous pouvez créer des modules dans des domaines variés : développement personnel, finances, fitness, photographie, langues étrangères... Une fois le contenu mis en ligne, vous pouvez générer des revenus passifs pendant plusieurs années.

Mais toutes les activités complémentaires ne sont pas forcément numériques. Vous pouvez aussi proposer vos services dans des domaines plus classiques. Si vous êtes à l'aise avec l'écrit, pourquoi ne pas proposer de la relecture ou de la correction de textes à des étudiants, auteurs ou entreprises ?

Que vous soyez expert en mathématiques, en sciences sociales, en langues étrangères, ou même en préparation aux examens, **les cours particuliers** sont toujours en demande. Vous pouvez enseigner en personne ou dans des cadres plus formels tels que des écoles privées ou des instituts spécialisés. C'est une excellente manière de transmettre votre savoir tout en générant un revenu complémentaire.

De même, si vous avez de l'expérience en gestion, stratégie ou organisation, vous pouvez intervenir en tant que **consultant auprès d'entreprises** à la recherche d'expertise ponctuelle. De nombreuses entreprises recherchent des conseils d'experts pour améliorer leur organisation, optimiser leurs processus ou développer de nouvelles stratégies. Cette activité vous permet de capitaliser sur vos connaissances tout en offrant un service précieux à des professionnels.

L'organisation d'événements, qu'il s'agisse de mariages, d'anniversaires ou de séminaires, peut également constituer une belle source de revenus, surtout si vous avez un sens aigu de la logistique et de la coordination. Vous pourrez travailler en fonction de vos disponibilités, et cette activité peut être extrêmement gratifiante à mesure que vous développez un réseau de clients satisfaits.

Si vous aimez transmettre, **animer des ateliers ou séminaires** est une excellente manière de partager vos connaissances tout en générant un complément de revenu. Qu'il s'agisse de cuisine, de photographie, de peinture, de développement personnel ou de musique, vos passions peuvent devenir une activité rémunératrice. Vous pouvez organiser des événements en présentiel où vous partagez vos connaissances avec des groupes intéressés, tout en générant des revenus grâce à la participation.

Enfin, si vous êtes habile de vos mains, **l'artisanat** constitue une piste prometteuse. Créer et vendre des objets faits main dans des marchés, des salons ou en ligne peut se révéler très satisfaisant, tant sur le plan créatif que financier.

Pour ceux d'entre vous qui ont une forte capacité d'analyse et une expertise en finance personnelle, de planification budgétaire ou d'investissement, vous pourriez envisager de proposer des **services de conseil**. De plus en plus de personnes recherchent des experts pour les aider à mieux gérer leurs finances, optimiser leur fiscalité ou investir intelligemment. Cela peut être une activité enrichissante, où vous apportez un véritable conseil aux individus tout en développant un revenu complémentaire.

Toutes ces activités représentent autant d'opportunités pour diversifier vos revenus en valorisant vos compétences, vos passions et votre savoir-faire. En plus de compléter efficacement votre salaire principal, elles vous offrent la liberté de travailler à votre rythme, selon vos disponibilités. L'essentiel est de commencer modestement, avec des objectifs clairs, et d'expérimenter. Bien développée, une activité complémentaire peut devenir une source de revenus durable, voire évoluer vers un véritable projet entrepreneurial.

Une dernière précaution toutefois : de nombreux employeurs exigent d'être informés si vous souhaitez exercer une activité complémentaire. Généralement, ils se montrent plus conciliants si cette activité n'entre pas en concurrence directe avec votre emploi principal.

Examinez également l'impact fiscal de cette activité. Si vous dépassez un certain revenu, l'activité complémentaire peut se révéler moins intéressante financièrement.

Exemple 3 : *Jean, 53 ans, travaille depuis des années dans le département informatique d'une société d'assurances. Passionné par l'intelligence artificielle, il consacre son temps libre à se former en ligne. Peu à peu, il développe une expertise qu'il met à profit en tant que consultant indépendant pour des start-ups. Le week-end, il conçoit des solutions logicielles sur mesure qu'il propose via des forums professionnels spécialisés. En quelques mois, il réussit à générer un revenu complémentaire régulier représentant près de 20 % de son salaire mensuel.*

Exemple 4 : *Claire, 47 ans, travaille à temps plein dans une grande entreprise comme responsable des ressources humaines. Attirée depuis toujours par la création artisanale, elle suit une formation en bijouterie et commence à concevoir ses propres pièces. Elle les commercialise sur des plateformes en ligne, et consacre quelques heures chaque semaine à son activité. Grâce à une stratégie de communication bien pensée, ses créations rencontrent un beau succès. Elle parvient ainsi à dégager un revenu complémentaire d'environ 500 € par mois.*

Augmenter ses revenus passifs

Augmenter vos revenus actifs n'est pas toujours évident, car votre temps est limité et vous ne souhaitez pas passer toutes vos journées à travailler. Sur le long terme, cette approche n'est ni viable ni souhaitable. Pour progresser financièrement, il devient essentiel d'acquérir ou de créer des actifs capables de générer des revenus de manière autonome. Autrement dit, faire en sorte que votre argent travaille pour vous.

C'est là tout l'intérêt des revenus passifs ou semi-passifs : ils vous permettent de diversifier vos sources de gains sans dépendre uniquement de votre temps de travail.

L'immobilier : un pilier solide des revenus passifs

L'immobilier est l'une des sources les plus fiables pour générer des revenus passifs. En tant qu'investisseur, vous disposez de plusieurs options pour percevoir des revenus réguliers tout en bénéficiant d'une potentielle valorisation du capital sur le long terme.

L'investissement locatif reste la méthode la plus courante. En achetant un bien et en le mettant en location, vous percevez des loyers qui, idéalement, couvrent vos charges et dégagent un excédent. Ce type d'investissement exige néanmoins une gestion rigoureuse : sélection du bien, travaux éventuels, fixation du loyer, sélection du locataire, encaissement des loyers, entretien, réparations, gestion administrative et fiscale.
La première étape consiste à sélectionner un bien adapté au marché locatif. Il est important d'évaluer son emplacement, la demande locative et le rendement potentiel avant de l'acquérir. Une fois le bien acheté, il faut éventuellement réaliser des travaux de rénovation ou d'aménagement pour le rendre attractif et conforme aux normes en vigueur.

Ensuite, il est nécessaire de fixer un loyer compétitif en tenant compte des prix du marché, des caractéristiques du bien et des réglementations locales. Vous devez mettre le bien en location, organiser des visites, répondre aux questions des candidats et analyser leur dossier avec attention afin de sélectionner un locataire solvable et fiable. Une vérification minutieuse des antécédents financiers et des garanties apportées permet de réduire le risque d'impayés.

Une fois le bail signé, la gestion quotidienne du bien commence. Cela inclut l'encaissement des loyers, le suivi des paiements et la gestion des éventuels retards. Il est aussi important d'entretenir une bonne communication avec le locataire pour répondre à ses demandes et résoudre rapidement d'éventuels problèmes. Vous devez vous assurer du bon entretien du logement en planifiant des visites régulières et en coordonnant les interventions de professionnels en cas de réparations nécessaires.

En parallèle, il est essentiel de gérer les aspects administratifs et juridiques. Cela comprend la déclaration fiscale des revenus locatifs, le respect des obligations légales en matière de logement, ainsi que la mise à jour des contrats et assurances. En fin de bail, il faut organiser l'état des lieux de sortie, comparer l'état du logement avec l'entrée et, si nécessaire, utiliser tout ou partie du dépôt de garantie pour couvrir d'éventuelles dégradations.

Si vous souhaitez réduire votre implication, vous pouvez déléguer la gestion à une agence immobilière ou un administrateur de biens, moyennant des frais de gestion (souvent entre 5 et 10% des loyers perçus). Cette solution vous libère du temps tout en assurant un suivi professionnel de votre investissement.

La location courte durée (type Airbnb) permet en général d'augmenter la rentabilité, notamment en zones touristiques, mais elle exige une gestion plus active. Pour alléger votre charge de travail, vous pouvez recourir à des services de conciergerie ou automatiser certaines tâches.

Vous pouvez également vous orienter vers l'investissement dans des actifs immobiliers plus spécifiques, comme des parkings, des box de stockage ou des locaux commerciaux. Ces biens nécessitent souvent moins d'entretien et de gestion que les logements résidentiels, tout en offrant des rendements attractifs, notamment dans les grandes agglomérations où la demande est forte.

L'un des grands avantages de l'immobilier est la possibilité d'utiliser l'effet de levier. Cela signifie que vous pouvez acheter un bien avec un apport réduit grâce à un prêt bancaire. Les loyers perçus remboursent tout ou partie du crédit, tandis que le bien prend potentiellement de la valeur. Vous vous constituez ainsi un patrimoine en utilisant partiellement l'argent d'autrui.

Grâce à cet effet de levier, vous pouvez multiplier vos investissements et accélérer votre enrichissement. Contrairement à d'autres types d'investissements où vous devez mobiliser la totalité de votre capital, l'immobilier vous permet d'acquérir des biens d'une valeur bien supérieure à votre apport personnel. Si la rentabilité locative est bien calculée et que le bien prend de la valeur, vous bénéficiez d'une double source de gain : les loyers perçus et la plus-value potentielle à la revente.

Cependant, l'effet de levier n'est pas sans risque. Si les loyers ne couvrent pas les charges, ou si le bien reste vacant trop longtemps, vous devez compenser la différence. Une gestion prudente, des simulations précises et une marge de sécurité sont donc indispensables.

Après l'acquisition d'un premier bien, vous pouvez utiliser celui-ci comme garantie pour financer l'achat d'un second, puis, avec le temps, d'un troisième. En faisant des choix réfléchis et en avançant étape par étape, il devient possible de bâtir progressivement un patrimoine immobilier solide, capable de générer des revenus confortables une fois les emprunts remboursés.

Une autre alternative intéressante consiste à investir dans de **l'immobilier papier**, à savoir des parts de sociétés actives dans l'immobilier. Ces structures collectent des fonds auprès d'investisseurs pour acquérir et gérer un parc immobilier locatif. En tant qu'associé, vous percevez des revenus réguliers proportionnels à votre investissement, sans avoir à vous soucier de la gestion quotidienne des biens. Cette solution vous permet de diversifier votre patrimoine tout en conservant une certaine tranquillité.

Enfin, si vous préférez un investissement plus passif et accessible avec un capital réduit, **le crowdfunding immobilier** peut être une option intéressante. En participant à des projets de promotion immobilière via des plateformes spécialisées, vous prêtez des fonds à des promoteurs en échange d'un rendement fixe sur une période déterminée. Cette méthode vous permet de profiter des opportunités du marché immobilier sans avoir à gérer un bien en direct.

L'immobilier papier est une alternative intéressante pour vous permettre de profiter des rendements du secteur sans les inconvénients de la gestion locative, mais il vous faudra bien analyser la fiscalité et le risque associé à chaque type d'investissement.

Exemple 5 : *Laura et Thomas, un couple dans la trentaine, souhaitent développer un revenu complémentaire sans réduire leur qualité de vie. Ils acquièrent une maison à 650 000 € financée à 90 % par un prêt, qu'ils transforment en colocation pour étudiants. En louant chaque chambre séparément, ils parviennent à dégager* *un revenu net de 1 500 € par mois, une fois le crédit remboursé. Grâce à cette stratégie, ils réinvestissent leurs bénéfices et acquièrent un second bien deux ans plus tard. Ainsi, ils commencent à bâtir un portefeuille immobilier solide, générateur de revenus semi-passifs.*

Exemple 6 : *Sophie, 38 ans, salariée dans l'industrie pharmaceutique, cherche à sécuriser son avenir financier. Avec 80 000 € d'économies, elle obtient un prêt de 280 000 € pour acheter un appartement à 320 000 € dans une ville en plein essor. Après avoir investi 10 000 € dans sa rénovation, elle le met en location meublée pour 1 200 € par mois. Une fois le crédit remboursé, les charges et impôts déduits, elle dégage un cash-flow positif de 200 € mensuels. Quinze ans plus tard, le bien est entièrement remboursé, et elle bénéficie d'un revenu locatif complet, stable et passif.*

Que vous choisissiez l'immobilier physique ou l'immobilier papier, l'important est de rester cohérent avec vos objectifs, vos moyens et votre tolérance au risque. Bien choisi et bien géré, l'immobilier reste l'un des moyens les plus efficaces pour générer des revenus passifs durables.

Les Investissements en bourse : une source sûre sur le long terme

Investir dans les produits financiers est l'un des moyens les plus efficaces pour générer des revenus passifs à long terme, tout en bénéficiant d'une grande liquidité. Contrairement à l'immobilier, les actions et autres instruments financiers sont facilement négociables : vous pouvez les acheter ou les vendre à tout moment, ce qui offre une flexibilité précieuse.

Toutefois, pour tirer pleinement parti de vos investissements en bourse, il est essentiel d'adopter une stratégie de long terme et de bien comprendre les produits que vous utilisez. Les marchés financiers évoluent constamment, et si vous êtes prêt à investir avec patience et méthode, vous pouvez profiter de leur croissance régulière dans le temps.

En moyenne, un portefeuille bien diversifié investi en actions peut offrir un rendement annuel de 8 à 10 %. Cependant, il faut aussi être conscient des phases de turbulence. Des krachs comme celui de 2008, où les marchés ont perdu jusqu'à 50 % de leur valeur, peuvent survenir et mettre plusieurs années à être compensés. Ce sont des périodes éprouvantes, mais les investisseurs qui gardent le cap finissent souvent par en sortir renforcés. C'est pourquoi les personnes fortunées utilisent rarement la bourse pour s'enrichir rapidement, mais plutôt pour préserver et accroître leur patrimoine de manière progressive et maîtrisée.

Malgré ces aléas, l'investissement financier reste une excellente solution pour développer votre capital, à condition de respecter votre profil de risque et d'avoir une vision à long terme.

Dans le chapitre 8, vous découvrirez en détail les différents instruments disponibles : actions, obligations, fonds communs ou OPC, ETF, et bien d'autres encore. Vous apprendrez à les sélectionner avec discernement, à les utiliser de manière stratégique, et à construire un portefeuille adapté à vos objectifs à court, moyen et long terme, tout en maîtrisant les risques.

Autres revenus passifs

En dehors de l'immobilier et des marchés financiers, il existe de nombreuses autres façons de générer des revenus passifs ou semi-passifs, en capitalisant sur vos compétences, vos idées ou l'automatisation de certains systèmes.

L'une des stratégies les plus accessibles aujourd'hui consiste à créer et commercialiser des **produits digitaux**. Il peut s'agir de formations en ligne, d'e-books, de modèles téléchargeables, de musiques libres de droits, ou encore d'applications mobiles. Une fois ces produits conçus et mis en ligne sur des plateformes adaptées, ils peuvent générer des ventes régulières avec un minimum d'intervention, hormis quelques mises à jour ou actions de promotion.

Une autre option intéressante est **l'impression à la demande**. Ce modèle vous permet de vendre des produits personnalisés (vêtements, mugs, affiches...) sans gérer de stock ni vous occuper de la logistique. Vous concevez les visuels, les intégrez à une boutique en ligne, et les commandes sont ensuite automatiquement traitées par un prestataire.

Le dropshipping repose sur un principe similaire : vous créez une boutique en ligne, sélectionnez des produits fournis par un tiers, et les commandes sont expédiées directement au client sans passer par vous.

Ces modèles ne sont pas entièrement passifs au départ : ils demandent un investissement initial en temps pour choisir des produits, créer une boutique professionnelle, et mettre en place une stratégie marketing efficace. Mais une fois votre système bien rôdé, les revenus peuvent s'automatiser partiellement tout en continuant à croître.

Quelle que soit la voie que vous choisirez, rappelez-vous qu'un revenu passif ne se construit pas sans effort. Il s'agit surtout de transformer un travail ponctuel en une source de revenus durable, capable de fonctionner avec peu d'intervention tout en continuant à apporter de la valeur à vos clients.

Conclusion

Combinée à une gestion maîtrisée de vos dépenses, l'augmentation de vos revenus représente un levier puissant pour renforcer votre stabilité financière et gagner en liberté.

Dans un monde en constante évolution, il est devenu essentiel de ne pas dépendre d'une seule source de revenus, généralement votre salaire. Pour sécuriser votre avenir et avancer avec plus de sérénité, vous devez progressivement diversifier vos revenus : en développant des activités complémentaires d'une part, et en construisant des sources de revenus passifs d'autre part.

Ce sont ces revenus passifs — issus par exemple de l'immobilier locatif, des dividendes d'actions, de la vente de produits digitaux ou de droits d'auteur — qui vous permettront, à terme, de vous affranchir de la nécessité de travailler pour vivre. Bien sûr, leur mise en place demande une implication initiale, en temps, en énergie ou en capital. Mais leur grand atout est de continuer à générer des flux financiers avec une intervention minimale de votre part.

Le jour où vos revenus passifs couvrent l'ensemble de vos dépenses courantes, vous atteignez un cap décisif : celui de la **liberté financière**. Le travail devient alors un choix — et non plus une obligation. Vous pouvez décider de vous consacrer à vos passions, de passer plus de temps avec vos proches ou de réaliser les projets qui vous tiennent à cœur, sans subir la pression financière.

Construire cette liberté ne se fait pas du jour au lendemain. Cela demande du temps, de la stratégie et de la constance. Mais les bénéfices sont immenses : plus de sérénité, un meilleur équilibre de vie et la possibilité de vivre selon vos propres termes.

Le véritable secret pour accéder à cette liberté est simple : commencez à transformer progressivement vos revenus issus du travail en actifs capables de vous rémunérer. N'attendez pas que les conditions soient parfaites. Commencez dès aujourd'hui, avec les moyens à votre disposition, à bâtir vos sources de revenus diversifiées et à poser les fondations de votre indépendance financière.

Et pour avancer concrètement vers cette autonomie, une étape incontournable vous attend : apprendre à conserver une partie de vos revenus et à les faire fructifier intelligemment. Cela commence par une règle simple, mais redoutablement efficace : **dégager une épargne régulière et suffisante.**

Exercice 1 : Evaluez votre valeur sur le marché.

- Quelles sont vos sources pour estimer votre valeur sur le marché ?
- Comment allez-vous faire concrètement pour vérifier cette valeur ?
- Etes-vous bien ou trop peu payé ?

Exercice 2 : Augmentez vos revenus de salarié

- Comment pouvez-vous augmenter vos revenus dans votre emploi salarié actuel ? Bonus ? Promotion ? Autres avantages ?
- Analysez les compétences que vous pourriez développer pour progresser dans votre carrière et générer ainsi des revenus complémentaires à travers des avancements professionnels.
- Créez un plan pour acquérir ces compétences et mettre en valeur votre expertise au sein de votre entreprise.

Exercice 3 : Développez votre activité d'indépendant

- Étudiez des modèles de business existants dans votre secteur ou dans des secteurs similaires qui ont fait leurs preuves.
- Réfléchissez à comment vous pourriez les adapter pour correspondre à vos compétences et à votre marché cible. Cela peut inclure des idées comme des services de niche, des produits digitaux ou des offres qui nécessitent peu d'investissement initial.

Exercice 4 : Analysez vos compétences

- Prenez un moment pour identifier vos compétences clés qui peuvent être utilisées dans un contexte différent de votre travail actuel.
- Par exemple, si vous avez des compétences en gestion de

projet, en rédaction, ou en marketing, réfléchissez à la manière dont vous pourriez les appliquer dans des projets extérieurs à votre travail salarié.

- Notez toutes les compétences que vous avez acquises et comment elles peuvent être monétisées.

Exercice 5 : Identifiez des niches où vous pourriez aider

- Réfléchissez à des secteurs ou à des niches spécifiques dans lesquels vous avez un intérêt personnel et/ou des connaissances particulières.
- Identifiez des besoins non satisfaits dans ces niches.
- Réfléchissez à la manière dont vous pourriez proposer des services ou des produits qui répondent à ces besoins.

Exercice 6 : Equilibrez votre temps de travail

- Analysez comment organiser votre temps de manière efficace pour équilibrer votre travail salarié avec vos activités secondaires.
- Créez une stratégie d'emploi du temps où vous pouvez dédier des plages horaires précises à votre activité parallèle, tout en maintenant un équilibre sain entre les deux.

Chapitre 7 :
Dégager une épargne conséquente

Construire un budget dans lequel vos dépenses restent inférieures à vos revenus constitue la base d'une gestion financière saine. Cela signifie adopter un mode de vie cohérent avec vos moyens, en évitant de dépenser chaque euro gagné. En conservant une marge positive chaque mois, vous renforcez votre stabilité, tout en vous offrant la possibilité d'anticiper les imprévus sans devoir recourir au crédit. Cette discipline est essentielle pour reprendre le contrôle sur votre argent et éviter l'engrenage du surendettement, qui limite votre liberté financière.

Vivre en dessous de vos moyens ne signifie pas renoncer au plaisir ou à la qualité de vie, mais plutôt faire des choix réfléchis et aligner vos dépenses sur vos priorités et vos objectifs à long terme.

L'épargne ainsi dégagée représente un levier fondamental pour bâtir votre patrimoine. Il ne s'agit pas de laisser cet argent dormir sur un compte courant, mais de le faire fructifier en l'investissant dans des actifs productifs tels que l'immobilier, les actions ou d'autres placements susceptibles de générer un rendement. Ces investissements, une fois en place, produisent des revenus supplémentaires et vous rapprochent progressivement de l'indépendance financière.

Avant de mettre en place votre stratégie d'épargne, il est indispensable de comprendre un mécanisme clé qui explique en grande partie l'enrichissement progressif de ceux qui investissent sur le long terme : le mécanisme des intérêts composés.

Le mécanisme des intérêts composés

Ce que l'on appelle les intérêts composés — ou plus imagé encore, l'« effet boule de neige » — est un principe financier d'une puissance remarquable. Contrairement aux intérêts simples, qui sont uniquement calculés sur le capital initial, les intérêts composés intègrent, à chaque période, les intérêts précédemment accumulés. En d'autres termes, vos intérêts génèrent à leur tour des intérêts.

Plus vous laissez votre argent investi longtemps, plus votre capital croît rapidement. Le temps devient ici votre meilleur allié. Par exemple, si vous placez 1 000 € à un taux de 5 % par an, vous obtiendrez 50 € d'intérêts la première année. L'année suivante, ces intérêts seront calculés non plus sur 1 000 €, mais sur 1 050 €, ce qui vous rapportera 52,50 €, et ainsi de suite.

Prenons une épargne mensuelle de 50 €, 100 €, 200 €, 500 € et plaçons cette épargne au temps de 5% sur 20, 30 ou 40 ans. Voici les montants obtenus si vous ne touchez pas à l'argent pendant cette période.

Epargne mensuelle	Capital après 20 ans	Capital après 30 ans	Capital après 40 ans
50 €	20 832 €	41 857 €	76 104 €
100 €	41 663 €	83 713 €	152 208 €
200 €	83 326 €	167 426 €	304 415 €
500 €	208 315 €	418 565 €	761 039 €

L'effet temps est impressionnant : en doublant le temps de 20 à 40 ans, on multiplie le capital par un facteur proche de 4. Bien sûr, il faut tenir compte de l'inflation et 1000 € ne vaudront plus que un peu plus de 500 € dans 20 ans en pouvoir d'achat mais la puissance des intérêts composés est malgré tout impressionnante. Appliqué sur plusieurs décennies, cela peut transformer des sommes modestes en un capital considérable. Il constitue ainsi l'un des piliers de toute stratégie d'investissement à long terme.

Cependant, les effets des intérêts composés mettent du temps à se manifester de manière significative, à moins de disposer d'un capital initial très important. C'est pourquoi il est essentiel de commencer à épargner et à investir le plus tôt possible.

Warren Buffett, l'un des plus célèbres investisseurs de notre époque, illustre parfaitement ce principe. À l'âge de 45 ans, il possédait environ 620 millions de dollars. Quinze ans plus tard, sa fortune atteignait 3,8 milliards. Aujourd'hui, elle dépasse les 100 milliards de dollars. L'essentiel de son patrimoine s'est donc constitué dans les dernières décennies, grâce à la patience, à la régularité et à la puissance des intérêts composés. Plus que jamais, le temps, c'est véritablement de l'argent.

Enfin, n'oubliez pas que ce même mécanisme peut jouer en votre défaveur lorsqu'il s'applique à vos dettes. Dans ce cas, c'est votre créancier, et non vous, qui bénéficie de cette croissance exponentielle... L'exemple qui suit illustre cet effet pervers.

Exemple 1 : *Paul, 32 ans, utilise régulièrement sa carte de crédit pour financer ses dépenses mensuelles, notamment des sorties et des achats impulsifs. Son solde impayé atteint 5 000 €, avec un taux d'intérêt de 12 %. Chaque mois, il se contente de rembourser le minimum exigé, soit 100 €. Mais il réalise vite que ce paiement ne fait que ralentir la progression de sa dette. Sur les 100 € versés, la moitié sert uniquement à couvrir les intérêts du mois, soit 50 €, tandis que les 50 € restants réduisent à peine le capital emprunté.*

Après une année entière de paiements réguliers, il lui reste encore près de 4 400 € à rembourser, et sa dette lui a déjà coûté plusieurs centaines d'euros en intérêts. À ce rythme, s'il ne change rien, il restera endetté pendant de nombreuses années et finira par rembourser bien plus que les 5 000 € initialement dépensés.

Cet exemple illustre parfaitement la manière dont le mécanisme des intérêts composés peut aussi jouer contre vous. Ici, c'est la banque, créancière de Paul, qui bénéficie de la puissance des intérêts composés : chaque mois, elle perçoit des intérêts qui grossissent la dette et prolongent le remboursement, augmentant ainsi ses profits.

La leçon est simple, mais essentielle : pour progresser financièrement, vous devez inverser cette dynamique et faire en sorte que l'argent travaille pour vous — pas contre vous. Cela commence par une étape incontournable : dégager une épargne suffisante pour reprendre le contrôle, éviter les dettes coûteuses et poser les bases de votre liberté financière.

Et pour y parvenir, une méthode simple et terriblement efficace s'impose : la règle du « payez-vous d'abord ».

La règle du « payez-vous d'abord »

Comme nous l'avons vu précédemment, attendre la fin du mois pour verser ce qu'il reste sur un compte d'épargne n'est pas une stratégie fiable pour bâtir une assise financière solide. En réalité, nous avons tendance à adapter nos dépenses à notre niveau de revenu : plus ce dernier augmente, plus nos dépenses suivent le même mouvement, limitant ainsi notre capacité à épargner de manière régulière et significative.

La règle du « payez-vous d'abord » repose sur une logique inversée et bien plus efficace. Une fois que vous avez défini votre taux d'épargne – idéalement entre 10 et 20 % de vos revenus –, vous prélevez immédiatement cette part dès que l'argent arrive sur votre compte. Cette somme est alors transférée vers un ou plusieurs comptes spécifiquement dédiés à votre épargne. Elle devient ainsi une priorité, non une option que l'on considère si, et seulement si, il reste quelque chose en fin de mois.

L'automatisation de ce processus est un véritable atout. En programmant un virement systématique dès le jour de réception de vos revenus, vous instaurez une discipline durable sans devoir y penser chaque mois. Cette rigueur facilite l'accumulation de capital, que ce soit pour financer un projet, constituer un filet de sécurité ou bâtir votre indépendance financière.
Pour renforcer encore cette discipline, il peut être judicieux de rendre l'accès à cette épargne légèrement plus difficile, par exemple en l'hébergeant dans une autre banque que celle de votre compte courant. Ce petit obstacle, tout à fait volontaire, décourage les transferts impulsifs et vous aide à préserver vos efforts sur le long terme.

Adopter cette méthode transforme aussi votre rapport à l'argent. En vous payant en premier, vous affirmez votre volonté de construire quelque chose pour vous-même. Vous apprenez à vivre avec le reste de vos revenus, en faisant des choix plus intentionnels, plus alignés avec vos priorités. Ce changement d'état d'esprit marque le début d'une gestion financière plus sereine, plus autonome et durable.

Première priorité : élimination des dettes

Pour asseoir votre situation financière sur des bases solides, la première étape consiste à analyser puis à réduire vos dettes, en commençant par celles qui grèvent le plus lourdement votre budget : les dettes de consommation.

Les dettes de consommation, telles que les prêts personnels, les crédits renouvelables ou les découverts bancaires, sont généralement assorties de taux d'intérêt élevés. Contrairement aux dettes dites "productives", comme un crédit immobilier générant un revenu locatif, ces dettes n'offrent aucun retour financier. Elles ne font qu'alourdir vos charges mensuelles. Pire encore, plus elles durent, plus elles coûtent cher, en raison des intérêts qui s'accumulent mois après mois. Ce mécanisme peut rapidement vous piéger dans un cercle vicieux dont il devient difficile de sortir.

Exemple 2 : *Sophie, 28 ans, fleuriste, a contracté un prêt personnel de 15 000 € pour financer l'achat d'une voiture et des vacances. Le taux d'intérêt s'élève à 13 %, ce qui rend les mensualités lourdes. Face à des dépenses courantes toujours plus difficiles à honorer, elle prend un deuxième prêt de 5 000 € pour finir ses mois. Très vite, ses remboursements dépassent sa capacité réelle, et pour faire face à ses échéances, elle souscrit un troisième prêt. Elle s'enfonce alors dans un cycle infernal où chaque crédit ne sert qu'à en rembourser un autre.*

Exemple 3 : *Marc, 22 ans, actuellement sans emploi, a recours à un crédit renouvelable pour une dépense imprévue. Le taux d'intérêt est de 18 %, et les mensualités sont très faibles. Chaque mois, il termine en découvert de 500 €, sur lequel sa banque prélève des intérêts élevés. Une part de ses allocations sociales est absorbée rien que pour couvrir ces frais, sans réduire le capital de sa dette. Au bout d'un an, malgré ses paiements réguliers, il est toujours endetté et a payé plusieurs centaines d'euros en intérêts. Tant qu'il ne modifie pas ses habitudes, Marc restera prisonnier d'un mécanisme où son argent ne travaille plus pour lui, mais contre lui.*

Ces deux exemples illustrent comment des dettes mal maîtrisées peuvent devenir un véritable fardeau. Les rembourser en priorité vous permet non seulement de gagner en tranquillité d'esprit, mais aussi de libérer de la marge pour épargner et investir. Une fois vos dettes effacées, les sommes autrefois consacrées aux remboursements peuvent être réorientées vers vos projets ou votre indépendance financière. Vous améliorez également votre profil auprès des institutions financières, ce qui vous permet d'obtenir à l'avenir de meilleures conditions de crédit si vous en avez besoin.

Pour y parvenir, commencez par dresser un inventaire précis de toutes vos dettes : le montant dû, le taux d'intérêt, la mensualité et l'échéance. Vous avez vu au chapitre 5 deux méthodes pour réduire vos dettes : la méthode dite "avalanche" qui consiste à rembourser d'abord la dette au taux le plus élevé tout en payant le minimum sur les autres et la méthode "boule de neige" qui privilégie le remboursement de la plus petite dette en premier. L'essentiel est de choisir une méthode qui vous correspond et de vous y tenir.

Ajuster votre budget en limitant les dépenses non essentielles et utiliser une partie de votre épargne pour accélérer le remboursement de vos dettes est une approche judicieuse.

Éliminer ses dettes constitue un levier puissant pour retrouver de l'air dans son budget, apaiser ses tensions financières et poser les fondations d'un avenir plus serein. C'est aussi un changement d'état d'esprit : en réduisant vos dettes, vous reprenez le pouvoir sur votre argent. Vous cessez de payer des intérêts inutiles et vous commencez à construire un patrimoine. Mais ce processus ne portera ses fruits que si vous évitez de retomber dans les anciens schémas. Résistez au piège du crédit facile, refusez les solutions de facilité à court terme, et adoptez durablement des habitudes financières saines.

Seconde priorité : construisez-vous une épargne de précaution

Une fois vos dettes réduites ou sous contrôle, la prochaine étape essentielle consiste à vous constituer une épargne de précaution. Cette réserve financière vous protège des imprévus de la vie et vous évite de replonger dans l'endettement à la moindre difficulté.

Une panne de voiture, une dépense médicale inattendue, un appareil électroménager à remplacer, une baisse temporaire de revenus... Ce sont autant de situations qui, sans filet de sécurité, peuvent vous contraindre à recourir à un crédit coûteux. Or, c'est justement ce que vous cherchez à éviter : devoir emprunter pour couvrir une dépense urgente est souvent le premier pas vers une spirale financière difficile à maîtriser.

Le montant idéal d'une épargne de précaution varie selon votre situation personnelle, mais une règle générale est de viser l'équivalent de trois à six mois de dépenses courantes. Si vous avez une situation professionnelle instable ou des charges importantes, il peut être judicieux d'augmenter ce montant.

Pour construire progressivement cette épargne, commencez par réserver une petite partie de vos revenus chaque mois. Même si le montant semble modeste au départ, c'est la régularité qui fera la différence. Automatisez ce geste : programmez un virement mensuel vers un compte distinct, dédié uniquement à votre épargne de précaution . En éloignant cette épargne de votre compte courant, vous évitez les tentations et vous vous donnez les moyens de tenir sur la durée.

Il est important de choisir un support d'épargne à la fois sécurisé et facilement accessible. Un livret d'épargne réglementé, même faiblement rémunéré, remplit parfaitement ce rôle. L'essentiel n'est pas ici de faire fructifier votre argent, mais de pouvoir y accéder rapidement, sans risquer de subir une perte en capital.

Disposer d'une épargne de précaution solide, c'est s'offrir une forme de liberté : celle de pouvoir faire face aux coups durs sans paniquer, de prendre des décisions sans être guidé uniquement par la peur du manque, et de poursuivre vos projets de vie en toue confiance. C'est un socle de stabilité sur lequel vous pourrez construire sereinement l'étape suivante de votre parcours financier.

Troisième priorité : épargnez pour vos projets court et moyen terme

Une fois votre épargne de précaution en place, il est temps de vous tourner vers une épargne plus ambitieuse : celle qui vous permettra de concrétiser vos projets à court ou moyen terme. Qu'il s'agisse d'un voyage, de l'achat d'un bien immobilier ou du lancement d'une activité, l'épargne dédiée est la clé pour avancer sans dépendre du crédit.

L'une des premières étapes consiste à clarifier vos objectifs. En définissant précisément ce que vous souhaitez accomplir et dans quel délai, vous pourrez établir un plan d'épargne cohérent, aligné sur vos priorités. Cette clarté vous aidera non seulement à rester motivé, mais aussi à choisir les bons outils pour faire fructifier votre capital.

Il est recommandé de distinguer vos projets en fonction de leur horizon temporel. Pour les objectifs à court terme – par exemple, un voyage dans l'année à venir ou une formation – vous pouvez privilégier des placements accessibles et sécurisés, même s'ils offrent un rendement modéré. Pour les projets à plus long terme – comme l'achat d'un logement ou la constitution d'un capital retraite – vous pouvez vous tourner vers des supports offrant un meilleur potentiel de croissance, comme l'investissement en bourse ou l'immobilier

.

L'idéal est de compartimenter votre épargne : un compte ou une enveloppe pour chaque projet. Cela permet de suivre facilement l'évolution de votre capital dédié à chaque objectif, sans le mélanger avec votre réserve de sécurité ou vos dépenses courantes.

Automatiser cette épargne est une excellente façon de maintenir votre discipline dans le temps. En mettant en place des virements programmés vers vos différents supports d'épargne, vous transformez vos bonnes intentions en actions concrètes, sans devoir y penser chaque mois.

En planifiant votre épargne de cette manière, vous vous donnez les moyens de réaliser vos projets avec sérénité, sans stress ni dettes. Vous gagnez en autonomie, vous réduisez votre dépendance au crédit et vous avancez, pas à pas, vers une vie plus alignée avec vos aspirations.

Quatrième priorité : investissez pour vos objectifs de vie

Une fois vos dettes remboursées, votre épargne de précaution constituée et vos projets à court ou moyen terme financés, vous pouvez franchir une nouvelle étape essentielle dans votre parcours financier : investir pour vos objectifs de vie à long terme.

Il ne s'agit plus seulement d'épargner, mais d'utiliser une partie de votre capital pour acquérir des actifs qui généreront des revenus dans le futur. Ces investissements vous permettront non seulement de faire croître votre patrimoine, mais aussi de vous rapprocher, année après année, d'une plus grande liberté financière.

Investir, c'est faire travailler votre argent à votre place. C'est aussi accepter de renoncer à une gratification immédiate pour bâtir une sécurité durable et créer de nouvelles possibilités pour l'avenir. Que vous souhaitiez préparer votre retraite, générer des revenus complémentaires ou transmettre un patrimoine, chaque objectif mérite une stratégie adaptée, en fonction de votre situation personnelle, de votre horizon de placement et de votre tolérance au risque.

Pour cela, il existe de nombreux véhicules d'investissement, accessibles à tous, même avec un budget modeste. Contrairement aux idées reçues, il n'est pas nécessaire de disposer d'une grande somme d'argent pour commencer. Avec régularité, méthode et patience, il est tout à fait possible de bâtir un portefeuille d'investissements solide et rentable.

Dans les chapitres qui suivent, nous verrons ensemble comment débuter sereinement sur les marchés financiers, comprendre leur fonctionnement, et adopter une approche simple, progressive et adaptée à vos moyens. Car bien investir, c'est avant tout investir en connaissance, au service de vos projets de vie.

Exercice 1 : Déterminez votre épargne mensuelle

- Vous basant sur votre budget élaboré précédemment, quel est le montant réaliste d'épargne que vous pouvez dégager avant de commencer à vivre le mois ?
- Est-ce suffisant ? Si non, pouvez-vous faire mieux ? Comment ?

Exercice 2 : Déterminez vos crédits en cours

- Répertoriez tous vos crédits en cours et leurs conditions de taux.
- Commencez à élaborer une stratégie pour les réduire.
- Quel crédit a votre priorité ? A quel est l'horizon de temps ?
- Combien pouvez-vous réalistiquement rembourser par mois ?

Exercice 3 : Déterminez votre épargne de précaution

- Déterminez le montant de votre épargne de précaution.
- Mettez en place un plan de financement pour la constituer.
- Quel horizon de temps vous donnez-vous ?

Exercice 4 : Déterminez vos projets court et moyen terme

- Listez tous vos projets court et moyen terme.
- Où doit aller votre épargne prioritairement ?
- Mettez en place un plan de financement de chaque projet (montant, temps,..).

Chapitre 8 :
Investir en bourse avec un petit budget

Une fois votre épargne de précaution constituée et l'épargne pour vos projets à court et moyen terme en voie d'achèvement, il devient essentiel de ne pas laisser dormir le reste de votre argent sur des comptes à faible rendement. Car si votre épargne stagne, l'inflation, elle, ne se repose jamais.

L'objectif est donc clair : faire fructifier votre capital à un rythme qui dépasse la hausse des prix, en l'investissant dans des actifs capables de générer des revenus. En réinvestissant ces revenus, vous enclenchez un cercle vertueux qui vous rapproche, petit à petit, de l'indépendance financière. Vous accroissez ainsi votre patrimoine, mais surtout, vous gagnez en liberté de choix et de vie.

Ce chapitre vous guidera dans vos premiers pas en bourse, même avec un petit budget, grâce à une approche progressive et accessible.

Pourquoi investir en bourse

Investir en bourse, c'est bien plus qu'un placement : c'est une manière de transformer votre rapport à l'argent et de reprendre la main sur votre avenir financier. Vous vous demandez peut-être pourquoi tant de personnes choisissent de placer une partie de leur épargne sur les marchés financiers, quand d'autres préfèrent la sécurité des livrets ou de l'immobilier. La réponse tient en plusieurs arguments solides.

D'abord, la bourse offre un potentiel de rendement supérieur à la plupart des placements traditionnels. Sur le long terme, les actions ont historiquement généré des performances bien plus intéressantes que les comptes d'épargne ou même l'immobilier. Cela signifie que si vous investissez régulièrement, avec patience et discipline, votre capital peut croître à un rythme qui dépasse l'inflation. Ce point est crucial : chaque année, la hausse des prix réduit insidieusement le pouvoir d'achat de votre argent. En laissant vos économies dormir sur un compte peu rémunérateur, vous en perdez progressivement la valeur réelle. En revanche, investir en bourse vous permet de préserver, voire d'augmenter, votre richesse sur le long terme.

En bourse, vous devenez également acteur de l'économie réelle. En achetant des actions, vous devenez copropriétaire d'entreprises qui innovent, créent des emplois et façonnent le monde de demain. Certaines sociétés versent des dividendes – une part de leurs bénéfices –, ce qui vous permet de générer des revenus passifs. Ces sommes peuvent être réinvesties, accélérant la croissance de votre portefeuille, ou utilisées pour financer vos projets personnels. Vous avez aussi la possibilité de soutenir des secteurs qui correspondent à vos convictions ou à vos valeurs.

Un autre avantage majeur réside dans la diversification. Contrairement à l'immobilier, qui nécessite souvent un investissement conséquent et vous expose à un seul bien, la bourse vous permet de répartir votre capital sur de nombreux secteurs, pays et entreprises. Cette diversification réduit considérablement le risque global : si une société ou un secteur traverse une zone de turbulence, les autres peuvent compenser. Votre portefeuille devient ainsi plus résilient face aux aléas économiques.

La bourse offre également une liquidité précieuse. Les actions, obligations ou fonds peuvent être achetés ou vendus rapidement, à tout moment pendant les heures d'ouverture des marchés. Cette flexibilité vous permet d'ajuster votre stratégie selon vos besoins ou les changements dans votre vie. Un atout non négligeable, surtout si vous devez réagir rapidement à un imprévu.

Investir en bourse, c'est aussi une manière de construire l'avenir. Que vous souhaitiez financer les études de vos enfants, préparer votre retraite, acheter un bien immobilier ou simplement vous constituer un capital de sécurité, les marchés financiers offrent des solutions adaptées à chaque profil. Vous avez la liberté de choisir entre des produits plus ou moins risqués, entre la croissance du capital ou la génération de revenus, et d'adapter votre stratégie à mesure que vos objectifs évoluent.

Dans de nombreux pays, l'investissement en bourse est par ailleurs encouragé par des dispositifs fiscaux avantageux. Selon votre situation, vous pouvez bénéficier d'exonérations ou de réductions d'impôt sur les dividendes ou les plus-values, ce qui augmente encore la rentabilité nette de vos placements.

Bien entendu, investir en bourse comporte des risques, et il est essentiel d'en avoir conscience. Les marchés peuvent être volatils, et la perte en capital n'est jamais exclue. Mais avec une approche réfléchie, une bonne diversification et une vision de long terme, vous pouvez faire de la bourse un puissant levier pour construire votre indépendance financière.

Exemple 1 : *Samuel, 31 ans, professeur de sciences, souhaite donner du sens à ses placements. Il choisit d'investir en bourse dans des entreprises qui partagent ses valeurs écologiques et sociales. En devenant actionnaire de sociétés spécialisées dans les énergies renouvelables et l'économie circulaire, il se sent acteur du changement. Les dividendes qu'il perçoit chaque année lui permettent de financer des projets personnels, comme un voyage solidaire ou la rénovation de son logement en matériaux durables.*

Les investissements boursiers

La bourse continue de susciter certaines appréhensions en Europe, où elle est parfois perçue, à tort, comme un jeu de hasard réservé aux initiés. Pourtant, aux États-Unis, plus de 60 % des ménages détiennent des actions ou des fonds boursiers. Ce chiffre reflète une confiance profonde dans la bourse comme outil de préparation à la retraite et de construction patrimoniale. En France, environ 30 % des particuliers envisagent d'investir en actions dans les douze mois à venir. En Belgique, près de 33 % de la population détient des placements financiers, et environ 20 % investissent spécifiquement dans des actions ou des fonds.

Cette dynamique s'accompagne d'un intérêt croissant des jeunes générations pour les marchés financiers. Une vaste étude européenne commandée par le gestionnaire d'actifs BlackRock et publiée fin 2024, menée auprès de plus de 36 000 adultes à travers l'Europe, révèle que 46 % des 25-34 ans investissent désormais, soit une progression de 13 points par rapport à 2022. Ces jeunes investisseurs sont également plus enclins à accepter une part de risque, avec près d'un sur deux prêt à investir dans des produits non garantis, contre une proportion nettement plus faible parmi les générations plus âgées.

L'essor des plateformes numériques et des ETF a fortement contribué à cette évolution. Ces outils attirent une nouvelle vague d'investisseurs : plus jeunes, plus autonomes, plus connectés, et souvent mieux informés. Même si la proportion d'investisseurs reste globalement plus faible en Europe qu'aux États-Unis, la tendance montre une démocratisation progressive de l'investissement en bourse et un renouvellement du profil de l'investisseur particulier.

Mais, concrètement, qu'est-ce que la bourse ? Il s'agit d'un marché où s'échangent des instruments financiers : actions, obligations, fonds ou ETF. Elle joue un rôle central dans le bon fonctionnement de l'économie. Les entreprises et les États y trouvent des financements pour leurs projets en levant des capitaux auprès d'investisseurs. En retour, ces derniers peuvent faire fructifier leur épargne, participer à la croissance économique et percevoir des revenus.

Aujourd'hui, la bourse est entièrement dématérialisée. Les transactions se font en ligne, en temps réel, et les prix varient en permanence selon l'offre et la demande. Il existe des centaines de bourses dans le monde, au moins une par pays. Les plus emblématiques sont le New York Stock Exchange (NYSE) et le Nasdaq, aux États-Unis, ce dernier étant spécialisé dans les entreprises technologiques. En Europe, les principales places financières sont la Bourse de Londres, celle de Francfort, et Euronext, qui regroupe notamment la France, la Belgique et les Pays-Bas.

Pour investir sur ces marchés, vous avez besoin d'un intermédiaire financier. Si les banques traditionnelles ont longtemps tenu ce rôle, les courtiers en ligne offrent aujourd'hui des services plus simples, plus rapides et souvent bien plus économiques. Des plateformes comme InteractiveBrokers, Trade Republic, Degiro ou Bolero donnent accès à une large gamme d'actifs cotés sur les principales bourses mondiales.

En tant qu'investisseur particulier, il vous suffit d'ouvrir un compte auprès de l'intermédiaire de votre choix – banque, courtier en ligne ou application spécialisée. Plusieurs types de comptes existent, selon votre pays de résidence. En France, vous pouvez par exemple opter pour un compte-titres ordinaire, qui permet d'accéder à tous les marchés et produits, ou pour un Plan d'Épargne en Actions

(PEA), qui offre des avantages fiscaux spécifiques pour les actions européennes. Dans d'autres pays, il existe également des enveloppes fiscales adaptées à l'investissement boursier.

L'ouverture d'un compte se fait généralement en ligne, en fournissant quelques justificatifs d'identité et de domicile. Il vous sera demandé de remplir un questionnaire permettant d'évaluer vos connaissances en matière financière.

Une fois votre compte ouvert et approvisionné, vous pouvez commencer à investir : acheter des actions, des obligations, des ETF ou d'autres produits financiers. Il vous suffit pour cela de passer un ordre d'achat ou de vente via la plateforme de votre courtier, en choisissant le type d'ordre le mieux adapté (au marché, à cours limite, etc.).

Vous pourrez ensuite suivre la valeur de vos investissements en temps réel, réinvestir vos gains ou ajuster votre stratégie en fonction de vos objectifs. Grâce à la digitalisation et à la concurrence entre plateformes, investir en bourse est désormais accessible à tous, même avec de petits montants. Il reste néanmoins essentiel de se former, de bien comprendre les risques et de rester prudent dans ses choix. Car investir, c'est aussi apprendre à naviguer avec discernement dans un monde en perpétuelle évolution.

Exemple 2 : *Maxime, 28 ans, jeune employé dans une start-up, s'intéresse à la bourse après avoir constaté que de nombreux collègues investissent via leur smartphone. Il ouvre un compte sur une plateforme digitale et choisit d'investir dans des actions européennes et américaines, en commençant par de petits montants. Séduit par la simplicité des transactions et la possibilité de suivre l'évolution de ses investissements en temps réel, il prend l'habitude de réinvestir ses gains et d'élargir progressivement son portefeuille. Pour lui, la bourse est devenue un moyen concret de participer à l'économie et de préparer sa retraite, tout en gardant le contrôle sur ses choix.*

Les instruments les plus usités par les particuliers

Les obligations

Les obligations sont souvent moins connues que les actions, mais elles jouent un rôle fondamental dans le monde de l'investissement. Il s'agit de titres de créance émis par des entreprises ou des États afin de lever des fonds sur les marchés financiers. Lorsque vous achetez une obligation, vous prêtez de l'argent à l'émetteur pour une durée définie. En échange, celui-ci s'engage à vous rembourser le capital à l'échéance prévue – par exemple dans trois, cinq ou dix ans – tout en vous versant, pendant la durée du prêt, des intérêts réguliers appelés coupons.

Contrairement à l'achat d'une action, qui fait de vous un copropriétaire de l'entreprise, l'acquisition d'une obligation vous place dans la position de créancier. Vous n'avez donc aucun droit de vote ni participation directe dans les bénéfices ou les décisions stratégiques, mais vous bénéficiez d'un engagement contractuel à percevoir des intérêts et à être remboursé à terme.

Il existe plusieurs types d'obligations, chacune répondant à des objectifs et des contextes économiques différents.

Classiques à taux fixe: Les plus nombreuses, 60 % à 70 %, elles vous garantissent un revenu stable, avec un coupon défini à l'avance, versé chaque année ou chaque semestre. Par exemple, une obligation de 1 000 euros assortie d'un coupon de 3 % vous rapportera 30 euros par an pendant toute sa durée.

Obligations à taux variable : Elles fonctionnent différemment : le taux d'intérêt qu'elles vous versent évolue en fonction d'un indice de référence, souvent l'Euribor, auquel s'ajoute une marge. Ce mécanisme vous protège partiellement contre une hausse des taux d'intérêt, car vos revenus peuvent s'ajuster à la hausse. Ces obligations représentent entre 10 et 15 % des émissions sur le marché.

Zéro-coupon : Celles-ci ne versent aucun intérêt en cours de vie, mais sont émises à un prix inférieur à leur valeur de remboursement. Le rendement provient donc de la différence entre le prix d'achat et le montant remboursé à l'échéance. Elles représentent entre 5

et 10 % des obligations émises
Exemple : vous achetez une obligation zéro-coupon à 800 EUR et êtes remboursé 1 000 EUR à l'échéance. Le gain est la différence entre les deux montants.

Obligations indexées sur l'inflation : Pour ces obligations, le montant du coupon et/ou du capital est ajusté en fonction de l'évolution des prix. Cela vous permet de préserver votre pouvoir d'achat, même en période de hausse généralisée des prix. Exemple : si l'inflation est de 3 % et que le coupon est de 1 %, vous recevrez un coupon ajusté à 4 %.

Obligations convertibles : Celles-ci vous donnent la possibilité, sous certaines conditions, de convertir votre obligation en actions de la société émettrice. Elles offrent ainsi un potentiel de valorisation si l'entreprise performe bien, tout en conservant les caractéristiques d'un instrument de dette.

Une fois que vous avez acquis une obligation, vous pouvez décider de la conserver jusqu'à son échéance. Vous percevrez alors les intérêts prévus à intervalles réguliers, et vous récupérerez le capital à la fin. Votre principal risque, dans ce cas, est celui d'un défaut de paiement de l'émetteur.

Pour vous aider à évaluer ce risque, les obligations sont notées par des agences spécialisées, telles que Moody's, Standard & Poor's ou Fitch. Ces agences attribuent des cotes de crédit, qui classent les obligations selon leur niveau de sécurité.

Les titres considérés comme les plus sûrs sont qualifiés de "investment grade". Il s'agit généralement d'obligations émises par des États ou des entreprises solides, avec une notation supérieure ou égale à BBB- (ou Baa3 pour Moody's). Ces obligations offrent un rendement modéré, mais elles vous procurent une certaine sérénité, car le risque de non-remboursement est jugé très faible.

À l'opposé, les obligations à haut rendement, ou "high-yield", sont émises par des entités dont la santé financière est plus fragile. Leur notation est inférieure à BBB-. Pour compenser ce risque plus élevé de défaut, elles proposent des taux d'intérêt bien plus attractifs. Ce type d'obligations peut être intéressant si vous recherchez un rendement plus important, mais vous devez garder à l'esprit que la contrepartie est une volatilité plus forte et un risque accru de perte. En période de récession ou d'instabilité économique, ces titres deviennent particulièrement vulnérables.

Les obligations sont donc des instruments qui peuvent répondre à divers profils d'investisseurs, du plus prudent au plus audacieux. Bien intégrées dans un portefeuille diversifié, elles offrent stabilité, revenus réguliers et protection contre certaines évolutions du marché. Il vous appartient de choisir les émetteurs, les durées et les caractéristiques qui correspondent à vos objectifs, tout en restant vigilant sur le niveau de risque associé.

Catégorie	S&P	Moody's	Fitch
		Investment grade	
Exceptionnel	AAA	Aaa	AAA
Très élevé	AA+, AA, AA-	Aa1, Aa2, Aa3	AA+, AA, AA-
élevé	A+, A, A-	A1, A2, A3	A+, A, A-
Moyen supérieur	BBB+, BBB, BBB-	Baa1, Baa2, Baa3	BBB+, BBB, BBB-
		High yield	
Spéculatif supérieur	BB+, BB, BB-	Ba1, Ba2, Ba3	BB+, BB, BB-
Spéculatif	B+, B, B-	B1, B2, B3	B+, B, B-
Très spéculatif	CCC+, CCC, CCC-	Caa1, Caa2, Caa3	CCC+, CCC, CCC-
Risque extrême	CC, C	Ca, C	CC, C
Défaut	D	D	D

Table 1. *Source : Fidelity investments (https://www.fidelity.com/learning-center/investment-products/fixed-income-bonds/bond-ratings**)*

En résumé, les obligations dites investment-grade se distinguent par leur faible probabilité de défaut. Elles constituent un choix idéal si vous recherchez avant tout la sécurité, quitte à accepter un rendement plus modeste. À l'inverse, les obligations high-yield offrent un rendement plus élevé, mais au prix d'un risque accru. Elles attirent les investisseurs capables d'assumer cette incertitude, à condition d'adopter une gestion rigoureuse et d'avoir une bonne tolérance au risque. Utilisées avec discernement, elles peuvent contribuer à dynamiser votre portefeuille.

Il est également possible de vendre une obligation avant son échéance. Comme les actions, les obligations sont cotées en continu sur les marchés financiers. Leur prix fluctue en fonction de nombreux facteurs, mais surtout en fonction des taux d'intérêt décidés par les banques centrales. Cette relation est inverse et parfaitement logique : lorsque les taux montent, le prix des obligations en circulation tend à baisser; lorsque les taux baissent, leur prix remonte.

Prenons un exemple concret pour mieux comprendre. Imaginons que vous déteniez une obligation de 1 000 euros, avec un coupon annuel de 3 %, soit 30 euros d'intérêt par an. Si, du jour au lendemain, les taux d'intérêt sur le marché passent à 4 %, de nouvelles obligations sont émises avec un rendement annuel de 40 euros pour un même capital investi. Votre obligation devient alors moins attrayante. Pour qu'un investisseur accepte de la racheter, il devra l'acheter à un prix inférieur à 1 000 euros afin d'obtenir un rendement équivalent à celui du marché. Cela explique pourquoi, en période de hausse des taux, la valeur de votre obligation baisse.

Ce phénomène de sensibilité aux taux d'intérêt est un élément clé à prendre en compte si vous envisagez de revendre vos obligations avant leur échéance. En conservant l'obligation jusqu'à son terme, vous êtes protégé de cette volatilité, à condition que l'émetteur respecte ses engagements.

En définitive, une obligation comporte deux risques principaux : le risque de défaillance de l'émetteur, et le risque lié à l'évolution des taux d'intérêt si vous ne la conservez pas jusqu'à son terme. Hormis ces deux aspects, il s'agit d'un instrument considéré comme plus défensif que les actions, généralement moins volatil, mais aussi moins rémunérateur.

Vous pouvez investir dans des obligations individuelles si vous souhaitez maîtriser précisément le choix des émetteurs et des échéances. Mais vous pouvez aussi opter pour des fonds ou des ETF spécialisés dans les obligations, ou combinant actions et obligations. Ces solutions, que nous verrons plus loin, vous permettent de bénéficier d'une gestion professionnelle et d'une large diversification, même avec un montant modeste.

Les actions

Investir dans des actions, c'est acquérir une part de propriété d'une entreprise. Lorsque vous achetez une action, vous devenez actionnaire, ce qui signifie que vous possédez une fraction, même infime, de cette société. À ce titre, vous pouvez bénéficier de la performance de l'entreprise de deux manières principales : par les dividendes qu'elle verse, et par l'appréciation du capital, c'est-à-dire la hausse de la valeur de l'action.

En tant qu'actionnaire, vous disposez également de certains droits, notamment celui de participer aux assemblées générales, où vous pouvez voter sur des décisions stratégiques, comme la nomination des dirigeants ou la distribution des bénéfices. C'est donc un rôle actif, bien qu'indirect, dans la vie de l'entreprise.

Les dividendes constituent une première source de revenus. Il s'agit d'une part des bénéfices distribuée aux actionnaires, généralement de manière régulière, selon le calendrier établi par l'entreprise : annuellement, semestriellement ou trimestriellement. Certaines entreprises, bien établies et générant des revenus stables, adoptent une politique de dividende soutenue. Pour l'investisseur, cela signifie un revenu passif, qui peut être utilisé ou réinvesti pour faire croître son portefeuille.

D'autres sociétés, souvent en phase de croissance, choisissent de ne pas verser de dividendes et préfèrent réinjecter leurs bénéfices dans le développement de leur activité ou dans le rachat de leurs propres actions. Cette stratégie peut également bénéficier à l'actionnaire si la valeur des actions augmente dans le temps. Des entreprises comme Amazon ou Berkshire Hathaway, par exemple, ont adopté cette approche avec succès.

Les entreprises qui augmentent régulièrement leurs dividendes attirent particulièrement les investisseurs à long terme, car elles témoignent d'une solidité financière et d'une gestion rigoureuse. Historiquement, ces sociétés ont souvent surperformé les marchés, offrant à la fois stabilité et rendement, même lors de périodes de turbulences économiques.

Mais il est important de garder à l'esprit les implications fiscales de ces revenus. Les dividendes, comme les plus-values réalisées lors de la vente d'actions, sont soumis à l'impôt, selon les règles de votre pays de résidence. En Belgique, par exemple, les dividendes peuvent être imposés à 30 %, voire davantage si vous détenez des actions étrangères soumises à une double imposition. Ces éléments doivent être intégrés dans votre stratégie d'investissement, car ils influencent le rendement net de votre portefeuille.

Au-delà des dividendes, l'autre grande source de gain en bourse est l'appréciation du capital. Si l'entreprise se développe, réalise des bénéfices solides et séduit les investisseurs, la valeur de ses actions peut augmenter. En revendant vos titres à un prix supérieur à celui auquel vous les avez achetés, vous réalisez une plus-value. Ce gain peut être influencé par les résultats financiers de l'entreprise, son secteur d'activité, mais aussi par des facteurs externes comme la conjoncture économique, les taux d'intérêt ou le climat géopolitique.

Il est essentiel de distinguer le prix d'une action sur le marché – qui peut varier fortement d'un jour à l'autre – de la valeur réelle de l'entreprise, qui évolue plus lentement et de façon plus structurelle. À court terme, les fluctuations de prix sont parfois irrationnelles, influencées par les émotions des investisseurs ou les effets de mode. Mais sur le long terme, la valeur de l'action tend à refléter la qualité et la croissance de l'entreprise.

Cela dit, investir en actions n'est pas sans risque. Une entreprise peut traverser une crise, voir ses bénéfices chuter, ou dans le pire des cas, faire faillite. Si cela se produit, les actionnaires sont les derniers à être indemnisés, après les créanciers. Il est donc primordial de ne pas concentrer son portefeuille sur une seule entreprise, aussi prometteuse soit-elle. La diversification est votre meilleure alliée : en investissant dans plusieurs entreprises, secteurs ou régions, vous réduisez considérablement le risque de perte importante.

Les actions ont historiquement offert les meilleurs rendements parmi les différentes classes d'actifs, notamment grâce à l'effet de capitalisation des dividendes réinvestis. Toutefois, cette performance s'accompagne d'une volatilité que vous devez accepter, surtout si vous investissez à court terme. Les marchés peuvent fluctuer fortement, mais sur le long terme, ces mouvements s'équilibrent et favorisent les investisseurs patients et disciplinés.

En définitive, investir en actions, c'est s'engager dans l'économie réelle, participer à la croissance d'entreprises, bénéficier de revenus potentiels sous forme de dividendes et de plus-values, et faire fructifier son capital dans une optique de long terme. Si vous adoptez une approche diversifiée, informée et cohérente avec vos objectifs, les actions peuvent devenir un puissant levier de développement patrimonial.

Gestion active versus gestion passive

Avant d'aborder les instruments comme les fonds et les ETF, qui vous permettront d'investir de manière diversifiée, il est essentiel de comprendre la distinction entre deux grandes approches utilisées pour investir sur les marchés financiers : la gestion active et la gestion passive.

La gestion active repose sur des décisions prises par des gestionnaires professionnels, dont l'objectif est de faire mieux que le marché. Pour cela, ils analysent les entreprises, les secteurs d'activité et les tendances économiques afin de sélectionner les titres qu'ils jugent les plus prometteurs. Cette stratégie implique des arbitrages réguliers, des choix tactiques et une adaptation constante à l'évolution des conditions économiques ou géopolitiques. Elle peut parfois générer des rendements supérieurs à ceux du marché, mais elle présente aussi certains inconvénients : les frais de gestion sont plus élevés, et le succès dépend fortement des compétences du gestionnaire. Il existe également un risque accru d'erreur d'analyse ou de mauvais timing.

À l'opposé, la gestion passive adopte une philosophie bien différente. Son principe est simple : suivre fidèlement la performance d'un indice boursier, comme le CAC 40, le S&P 500 ou le MSCI World, sans chercher à le battre. Cette méthode consiste à investir dans l'ensemble des titres qui composent l'indice, dans les mêmes proportions. Elle nécessite peu d'intervention, ce qui permet de réduire les frais de gestion et les coûts de transaction. Vous profitez ainsi de la performance globale du marché, sans chercher à deviner quels seront les gagnants de demain.

Sur le long terme, de nombreuses études ont montré que la gestion passive surpasse souvent la gestion active, une fois les frais pris en compte. Aux États-Unis, par exemple, entre 70 % et 80 % des fonds activement gérés ne parviennent pas à battre leur indice de référence sur une période de cinq à dix ans. En Europe, la tendance est similaire, bien que certaines zones géographiques ou secteurs se prêtent mieux à une gestion active. Cela ne signifie pas que la gestion active est inutile, mais simplement qu'elle doit être utilisée avec discernement, et souvent dans des domaines de marché spécifiques où elle peut encore faire la différence.

La gestion passive séduit de plus en plus d'investisseurs pour sa simplicité, sa transparence et ses performances souvent comparables, voire supérieures, à celles des fonds gérés activement. En réduisant les coûts et en éliminant les biais émotionnels ou les erreurs humaines, elle constitue une stratégie robuste, particulièrement adaptée à un horizon d'investissement long terme.

En fin de compte, le choix entre gestion active et gestion passive dépend de vos objectifs personnels, de votre tolérance au risque et du temps que vous êtes prêt à consacrer à vos investissements. Rien ne vous empêche d'ailleurs de combiner les deux approches, selon les segments de marché, les types d'actifs ou vos convictions.

Dans les pages qui suivent, vous allez découvrir comment les fonds d'investissement et les ETF permettent de mettre en œuvre concrètement ces deux stratégies, tout en vous ouvrant les portes de l'investissement diversifié, accessible même avec un budget modeste.

Les fonds

Les fonds d'investissement, également appelés OPC (Organismes de Placement Collectif) en Europe, sont des instruments financiers qui permettent à de nombreux épargnants de mettre en commun leur argent pour investir collectivement dans un portefeuille diversifié. Ce portefeuille peut contenir des actions, des obligations, ou d'autres actifs financiers. En tant qu'investisseur, vous ne détenez pas directement les titres du portefeuille, mais des parts du fonds. La valeur de ces parts, appelée « valeur liquidative », est calculée le plus souvent en fin de journée, en divisant la valeur totale du fonds par le nombre de parts en circulation.

Contrairement aux actions, obligations ou ETF, les fonds d'investissement ne sont pas cotés en bourse en continu. Vous ne pouvez donc pas acheter ou vendre vos parts à tout moment dans la journée. Les souscriptions et rachats s'effectuent une fois par jour, généralement via votre banque, un contrat d'assurance-vie, ou une plateforme spécialisée.

L'un des grands atouts des fonds d'investissement réside dans la diversification qu'ils offrent. Même avec une mise de départ modeste, vous bénéficiez d'une exposition à un large éventail d'actifs. Cela réduit le risque associé à la performance d'un seul titre. De plus, la gestion est assurée par des professionnels de la finance, dont le rôle est de sélectionner les titres, d'ajuster les allocations et de piloter le portefeuille en fonction des conditions de marché. Le choix est vaste : vous trouverez des fonds adaptés à chaque profil d'investisseur, selon votre appétence au risque, vos objectifs, votre horizon d'investissement ou encore la zone géographique ciblée.

Cependant, investir dans un fonds d'investissement implique aussi certaines limites qu'il convient de connaître. Le principal reproche concerne les frais. Les fonds traditionnels, notamment ceux en gestion active, facturent des frais annuels souvent supérieurs à 1,5 %, auxquels s'ajoutent parfois des frais d'entrée, de sortie ou de performance. Ces frais sont prélevés quelle que soit la performance du fonds, et peuvent peser lourdement sur le rendement net que vous percevrez. En outre, de nombreuses études montrent qu'une majorité de fonds actifs n'arrivent pas à battre leur indice de référence sur le long terme, en partie à cause de ces coûts.

La transparence constitue un autre point faible. Contrairement aux ETF, qui publient régulièrement et de manière détaillée la composition de leur portefeuille, les fonds actifs peuvent être moins transparents. Enfin, leur liquidité est moindre : vous ne connaissez pas à l'avance le prix auquel votre part sera achetée ou vendue, puisque celui-ci est calculé en fin de journée.

Lorsque vous choisissez un fonds, vous aurez à opter entre deux types de fonctionnement : capitalisant ou distribuant. Un fonds capitalisant réinvestit automatiquement les revenus générés (dividendes d'actions, coupons d'obligations) dans le fonds lui-même. Vous ne percevez pas de liquidités, mais la valeur de votre part augmente, ce qui est particulièrement intéressant si vous cherchez à faire croître votre capital à long terme. À l'inverse, un fonds distribuant vous verse régulièrement les revenus générés, en général sous forme de liquidités. Cela peut convenir si vous souhaitez percevoir un revenu régulier, par exemple pour compléter votre retraite ou faire face à certaines dépenses courantes.

Le choix entre ces deux options dépend de vos objectifs et de votre situation. Si vous êtes en phase de capitalisation, le fonds capitalisant vous aidera à maximiser la croissance de votre patrimoine. Si vous êtes à la recherche de revenus immédiats, le fonds distribuant sera plus adapté. Il faut aussi tenir compte de la fiscalité applicable dans votre pays de résidence, car les revenus distribués peuvent être taxés différemment des plus-values réinvesties.

En conclusion, les fonds d'investissement constituent une solution pratique pour ceux qui souhaitent déléguer la gestion de leur épargne à des professionnels tout en accédant à une diversification étendue. Ils sont particulièrement intéressants lorsqu'ils s'inscrivent dans un cadre fiscal avantageux, ou lorsqu'ils donnent accès à des marchés ou des stratégies spécifiques. Mais leur coût, leur manque de transparence et leur performance souvent inférieure à celle des indices invitent à la prudence. C'est pourquoi, dans les pages suivantes, nous allons explorer une alternative de plus en plus populaire et efficace : les ETF.

Les ETF traditionnels en gestion passive

Les ETF (Exchange-Traded Funds), ou fonds négociés en bourse, constituent aujourd'hui l'un des moyens les plus efficaces pour investir en bourse, même avec un budget modeste. Ces instruments financiers permettent d'acheter en une seule opération un ensemble diversifié d'actifs tels que des actions, des obligations, des matières premières ou encore des indices boursiers. Contrairement aux fonds d'investissement traditionnels qui ne sont valorisés qu'une fois par jour, les ETF sont cotés en continu pendant les heures d'ouverture des marchés. Vous pouvez ainsi les acheter et les vendre à tout moment, comme une action classique, à un prix qui varie en temps réel selon l'offre et la demande.

La majorité des ETF sont conçus pour suivre un indice de référence, tel que le S&P 500, le Nasdaq-100 ou le Euro Stoxx 50. Leur objectif n'est pas de battre le marché, mais d'en reproduire fidèlement la performance. Par exemple, un ETF répliquant le S&P 500 investira dans les 500 plus grandes entreprises cotées aux États-Unis, dans les mêmes proportions que l'indice. Cette approche passive vous permet de bénéficier des performances du marché dans son ensemble, sans tenter de prédire quels titres vont surperformer.

Comme les fonds d'investissement, un des grands atouts des ETF réside dans leur diversification instantanée. En investissant dans un seul produit, vous accédez à un large éventail de sociétés, de secteurs ou même de zones géographiques. Cette diversification réduit le risque lié à la détention d'un seul actif. Il existe des ETF qui suivent les indices globaux, comme le MSCI World, mais aussi des ETF sectoriels (technologie, santé, énergie), des ETF thématiques (énergies renouvelables, cybersécurité, intelligence artificielle), ou encore des ETF liés à des matières premières comme l'or ou le pétrole.

Par ailleurs, les frais associés aux ETF sont en général très bas. Leur gestion automatisée, sans intervention humaine pour sélectionner les titres, permet de limiter les coûts, souvent bien en-dessous de 0,5 % par an. À long terme, cette différence de frais peut avoir un impact significatif sur la performance finale de votre portefeuille, surtout si vous investissez régulièrement.

Les ETF sont également très liquides, ce qui signifie que vous pouvez les acheter ou les vendre rapidement à tout moment pendant les heures de cotation. Cette souplesse est précieuse, notamment pour ajuster votre stratégie en fonction de votre situation personnelle ou des évolutions de marché. Autre avantage non négligeable : la transparence. Vous pouvez consulter à tout moment la composition exacte de l'ETF, ce qui vous permet de savoir précisément dans quoi vous investissez.

Toutefois, comme tout investissement, les ETF comportent aussi des risques. En répliquant un indice, ils ne font pas de choix tactiques pour se protéger en période de crise. Si l'indice chute, l'ETF suivra la même trajectoire. Il n'y a pas de gestion active pour limiter les pertes ou tirer parti d'opportunités ponctuelles. De plus, tous les ETF ne se valent pas. Il est essentiel de comprendre comment l'ETF réplique son indice : certains utilisent une réplication physique, en achetant directement les titres de l'indice, d'autres emploient une réplication synthétique, reposant sur des produits dérivés. Cette dernière méthode peut réduire les coûts, mais elle introduit un risque supplémentaire lié à la solidité de la contrepartie financière.

Vous devrez également choisir entre un ETF capitalisant ou distribuant. Les ETF capitalisant réinvestissent automatiquement les revenus générés par les actifs sous-jacents, comme les dividendes, ce qui favorise la croissance du capital. Ce type de produit est particulièrement adapté à ceux qui investissent à long terme et souhaitent profiter de l'effet des intérêts composés. En Belgique, par exemple, ces ETF peuvent présenter un avantage fiscal intéressant, car les dividendes ne sont pas imposés immédiatement, contrairement aux ETF distribuant qui versent régulièrement les revenus et les rendent donc fiscalement imposables plus rapidement.

Les ETF distribuant, de leur côté, sont plus adaptés aux investisseurs à la recherche de revenus réguliers, comme les retraités ou les personnes souhaitant compléter leurs revenus mensuels. Ils permettent de percevoir un flux de trésorerie sans devoir vendre ses actifs, mais cette option implique une gestion plus active de ces revenus et peut se révéler fiscalement moins avantageuse.

Dans la pratique, le choix entre capitalisation et distribution dépendra de votre âge, de votre horizon d'investissement, de votre situation fiscale et de vos objectifs. Un jeune investisseur privilégiera souvent un ETF capitalisant pour maximiser la croissance à long terme, tandis qu'un investisseur plus expérimenté pourra préférer des distributions régulières s'il souhaite vivre de ses placements.

Pour savoir de quel type il s'agit, il vous suffit de consulter la fiche technique de l'ETF. Les termes "Accumulating" (capitalisant) ou "Distributing" (distribuant) y sont toujours précisés. Des sites comme JustETF, TrackInsight ou encore les plateformes des émetteurs (Amundi, iShares, Lyxor...) vous fourniront toutes les informations nécessaires pour faire votre choix.

Les ETF ont connu une croissance spectaculaire ces dernières années, et cette tendance devrait se poursuivre. L'essor des ETF thématiques, l'attention croissante portée aux investissements responsables (les fameux ETF ESG) et la baisse continue des frais devraient renforcer leur attractivité. À mesure que les plateformes d'investissement se démocratisent et que les connaissances financières progressent, les ETF s'imposent comme un outil incontournable dans toute stratégie d'investissement diversifiée.

Investir dans les ETF vous offre donc un excellent moyen de bâtir un portefeuille équilibré, accessible et peu coûteux. En prenant le temps de bien comprendre leur fonctionnement, leurs avantages et leurs limites, vous serez en mesure de les intégrer intelligemment dans votre stratégie patrimoniale, en cohérence avec vos objectifs de long terme.

Les ETF en gestion active

Si vous connaissez déjà les ETF classiques, vous serez peut-être surpris d'apprendre qu'il existe aussi des ETF dits « en gestion active ». À la croisée entre les fonds traditionnels et les ETF passifs, ces nouveaux instruments représentent une avancée intéressante dans le monde de l'investissement. Leur principe repose sur une idée simple : allier les avantages de la gestion active à la souplesse et à l'accessibilité des ETF.

Contrairement aux ETF passifs, qui cherchent uniquement à répliquer un indice de référence, les ETF en gestion active s'efforcent de faire mieux. Ils confient cette mission à des gestionnaires expérimentés, qui analysent les marchés, anticipent les tendances et ajustent la composition du portefeuille en fonction de leur lecture des opportunités et des risques. Cette réactivité peut s'avérer précieuse, notamment dans les périodes de volatilité ou d'incertitude économique, car elle permet d'adapter rapidement la stratégie aux conditions changeantes du marché.

En parallèle, ces ETF conservent les atouts techniques des ETF traditionnels : cotation en temps réel, frais de gestion réduits, accessibilité via un simple compte-titres, et grande transparence sur la composition du portefeuille. Pour vous, cela signifie que vous pouvez acheter ou vendre un ETF actif aussi facilement qu'une action, à tout moment pendant la séance boursière, tout en profitant d'une gestion professionnelle qui sélectionne les actifs pour vous.

Toutefois, comme toute solution d'investissement, ces ETF ne sont pas dénués de limites. Le premier élément à garder à l'esprit concerne les frais de gestion. Ils restent, en général, plus élevés que ceux des ETF passifs, car ils rémunèrent le travail d'analyse et de sélection réalisé par les gérants. De plus, malgré leur promesse de surperformance, rien ne garantit qu'un ETF actif fera mieux que son indice de référence. L'histoire montre d'ailleurs que peu de gestionnaires y parviennent de manière constante sur le long terme, surtout une fois les frais déduits.

Par ailleurs, la transparence n'est pas toujours aussi complète que pour les ETF passifs. Pour protéger leur stratégie ou éviter d'être copiés, certains émetteurs d'ETF actifs ne publient la composition de leur portefeuille qu'avec un léger décalage. Cela peut parfois rendre votre évaluation du risque un peu plus délicate.

Si vous souhaitez savoir si un ETF est en gestion active, il est essentiel de consulter attentivement sa documentation. Le prospectus et la fiche technique du fonds précisent généralement s'il s'agit d'un produit actif. Vous y trouverez également des indications sur la stratégie d'investissement, les objectifs de performance, les critères de sélection, la fréquence des ajustements et le niveau des frais. Les plateformes de courtage en ligne ou les sites spécialisés mettent souvent à disposition des filtres permettant de distinguer rapidement les ETF actifs des ETF passifs.

Enfin, il est intéressant de comparer les ETF actifs aux fonds traditionnels en gestion active. Tous deux partagent le même objectif : faire mieux que le marché grâce à une sélection de titres judicieuse. Cependant, les ETF actifs bénéficient d'une structure plus moderne et plus agile. Contrairement aux fonds classiques, qui ne se négocient qu'une fois par jour à la valeur liquidative, les ETF peuvent être achetés ou vendus en continu. Ils offrent aussi des frais de gestion souvent plus bas et une meilleure transparence, tout en étant généralement plus accessibles.

En résumé, les ETF en gestion active constituent une solution hybride et innovante, qui vous permet de profiter d'une gestion stratégique tout en conservant les avantages opérationnels des ETF. Si vous recherchez un équilibre entre réactivité, coût maîtrisé, et flexibilité d'utilisation, ils méritent assurément votre attention. Comme toujours, prenez le temps de bien comprendre le produit, ses objectifs, et son comportement historique avant de l'intégrer à votre portefeuille.

Vous trouverez ci-dessous les caractéristiques des quatre instruments les plus usités par les investisseurs particuliers :

Instruments	Caractéristiques principales	Avantages	Inconvénients	Profil investisseur
Obligation	Titre de créance Coupons Échéance connue	Revenus réguliers et prévisibles Risque faible à limité en fonction de l'émetteur Priorité en cas de faillite	Rendement inférieur aux actions Très sensible aux taux d'intérêt Liquidité variable	Profil prudent à équilibré Faible connaissance Temps de gestion faible
Action	Titre de propriété Dividendes éventuels Pas d'échéance	Potentiel de rendement important Liquidité élevée	Risque élevé de perte Forte volatilité Suivi régulier nécessaire	Profil dynamique à offensif Connaissance requise Temps de gestion moyen à élevé
Fonds	Panier d'actifs diversifiés géré par un professionnel	Diversification Gestion professionnelle Adapté à différents profils	Frais élevés Transparence partielle Rendement variable Prix fixé en fin de journée	Profil prudent à équilibré Connaissance de base suffisante Temps de gestion faible
ETF	Fonds indiciel coté Gestion passive ou active	Diversification Frais très bas Liquidité élevée Transparence Coté en continu	Risque de marché Faible liquidité pour certains ETF	Profil équilibré à dynamique Connaissance intermédiaire Temps de gestion faible

Table 2 : les types principaux d'instruments financiers

Exemple 3 : *Lucas, 18 ans, étudiant en économie, ouvre son premier compte-titres dès sa majorité. Il achète quelques actions d'une entreprise technologique qu'il admire, pour découvrir le fonctionnement des marchés et suivre l'évolution de ses premiers investissements.*

Exemple 4 : *Emma, 20 ans, apprentie en alternance, souhaite se constituer une épargne progressive. Elle investit chaque mois 50€ dans un ETF mondial, ce qui lui permet de diversifier facilement son portefeuille sans avoir besoin de choisir elle-même chaque action.*

Exemple 5 : *Patrick, 53 ans, responsable commercial, cherche à générer des revenus complémentaires. Il achète des obligations d'entreprises bien notées et des parts d'un fonds distribuant des dividendes réguliers, ce qui lui assure des revenus stables tout en diversifiant ses placements.*

Exemple 6 : *Véronique, 58 ans, professeure, souhaite transmettre un capital à ses petits-enfants. Elle ouvre des comptes titres à leurs noms et investit dans des portefeuille diversifiés composé d'actions, d'obligations et d'ETF, en choisissant des produits adaptés à un horizon de placement de long terme et à faible frais, pour optimiser la transmission de son patrimoine.*

Déterminez votre profil de risque

Avant de vous lancer en bourse, il est fondamental de bien connaître votre profil de risque, car c'est lui qui orientera toutes vos décisions d'investissement. Il s'agit d'un équilibre entre votre tolérance émotionnelle face aux fluctuations du marché, votre capacité financière à encaisser d'éventuelles pertes, et vos objectifs personnels à court, moyen ou long terme.

Pour le définir, commencez par vous interroger honnêtement : seriez-vous capable de rester serein si la valeur de votre portefeuille chutait de 10 ou de 20 % ? Préférez-vous un rendement modeste mais stable, ou êtes-vous prêt à accepter davantage de volatilité pour espérer une performance plus élevée ?

Votre horizon de placement joue un rôle déterminant. Plus il est long, plus vous pouvez absorber les variations du marché, car l'histoire montre que, sur la durée, les marchés finissent généralement par rebondir.

Votre situation financière entre aussi en ligne de compte. Si vous disposez d'une épargne de précaution suffisante, de revenus stables et de peu de dettes, vous êtes mieux armé pour prendre des risques que si vous débutez avec une marge de manœuvre réduite. Votre âge, vos projets de vie et vos engagements futurs influencent également ce profil : un jeune actif qui investit pour sa retraite aura généralement plus de latitude pour affronter les soubresauts des marchés qu'une personne proche de l'âge de la pension, qui cherchera à préserver son capital.

De nombreux établissements proposent des questionnaires pour vous aider à cerner votre profil. Vous y serez invité à réfléchir à vos réactions face à une baisse brutale des marchés, à préciser vos objectifs (sécurité, équilibre, performance), à indiquer votre horizon d'investissement et la part de votre patrimoine que vous êtes prêt à consacrer à la bourse. Ces réponses permettent de vous situer sur une échelle allant du profil prudent – centré sur la sécurité – au profil dynamique – axé sur la performance, en passant par le profil modéré, à la recherche d'un juste milieu entre risque et rendement.

Ce profil n'est pas figé. Il évolue avec le temps, votre expérience, vos connaissances et les changements dans votre vie. Vous pourriez, par exemple, devenir plus à l'aise avec la volatilité après quelques années sur les marchés et décider d'augmenter la part d'actions dans votre portefeuille. À l'inverse, des événements personnels comme une naissance, un achat immobilier ou l'approche de la retraite peuvent vous inciter à réduire votre exposition au risque. Il est donc sage de réévaluer votre profil au moins tous les deux ans ou à chaque événement majeur de votre vie.

Une fois ce profil bien défini, il doit guider la répartition de votre portefeuille. Un investisseur prudent privilégiera des obligations solides, des fonds bien diversifiés, et conservera une part importante de liquidités. Un profil modéré combinera actions, obligations et ETF selon son horizon de placement. Un profil dynamique pourra, quant à lui, miser davantage sur les actions, les ETF sectoriels ou les marchés émergents, en acceptant des variations plus importantes. L'essentiel est de respecter votre profil pour éviter des décisions dictées par l'émotion ou la panique.

Enfin, quelle que soit votre orientation, la diversification reste votre meilleure alliée. En répartissant vos investissements entre différentes classes d'actifs, secteurs et zones géographiques, vous atténuez les chocs et améliorez le couple rendement-risque de votre portefeuille. Un profil de risque clair, régulièrement mis à jour, associé à une stratégie diversifiée, vous permettra d'investir avec confiance et sérénité.

Vous l'avez sans doute compris au fil de votre lecture : il n'existe pas de rendement élevé sans une part de risque. Mais il ne s'agit pas de jouer à quitte ou double. Il s'agit de comprendre dans quoi vous investissez, de rester discipliné, de diversifier intelligemment et, surtout, de ne jamais engager de l'argent dont vous pourriez avoir besoin à court terme. Le vrai danger ne réside pas dans les variations temporaires des marchés, mais dans les difficultés structurelles que pourrait rencontrer une entreprise. Avec de la rigueur, du temps et une méthode bien pensée, vous pourrez transformer cette volatilité en opportunité et construire un capital solide, au service de vos projets et de votre avenir.

Voici les caractéristiques principales des profils de risque :

Profil de risque	Tolérance au risque	Horizon d'investissement	Attente de rendement
Prudent	Très faible Sécurité du capital prioritaire Peut garder une part importante en cash	Court terme (< 3 ans)	Faible, proche de l'inflation
Modéré	Faible à modérée Accepte de faibles fluctuations de prix	Court à moyen terme (2-5 ans)	Modérée (2-4%)
Equilibré	Moyenne Prends des risques mesurés pour de meilleurs rendements	Moyen à long terme (3-8 ans)	Moyenne (5-7%)
Dynamique	Elevée Accepte des pertes temporaires importantes	Long terme (8-10 ans)	Elevée (8%-10%)
Offensif	Très élevée Volatilité acceptée Recherche performance maximale	Long terme (> 10 ans)	Très élevée (> 10%)

Table 3 : les différents profils de risque

Et quelques exemples de portefeuilles boursiers types :

Profil de risque	**Obligations (ETF/fonds)**	**Actions (ETF/ fonds)**	**Exemples de personnes concernées**
Prudent	80-100 %	0-20 %	Retraité, proche de la retraite Epargnant ne tolérant aucun risque court terme
Modéré	60-70 %	30– 40%	Parent de famille Salarié en CDD Epargnant prudent
Equilibré	40-50 %	50-60 %	Jeune actif Couple en milieu de vie Salarié en CDI
Dynamique	20-40%	60-80 %	Personne avec des revenus confortables Couple sans enfants Entrepreneur
Offensif	0-20%	80- 100%	Investisseur averti Célibataire sans enfants ayant une solide épargne de précaution Très jeune épargnant

Table 4 : quelques portefeuilles types

Cette table vous est donnée à titre juste indicatif car il vous faut déterminer vous-même quel est le profil que vous avez et quel portefeuille pourrait vous convenir le mieux.

Exemple 7 : *Sophie, 42 ans, cadre, souhaite préparer l'achat d'une résidence secondaire dans cinq ans. Elle dispose d'une épargne de précaution confortable, mais ne veut pas prendre de risques excessifs avec l'argent destiné à ce projet. Après avoir répondu à un questionnaire de profil de risque, elle se rend compte qu'elle supporte modérément la volatilité et préfère un équilibre entre sécurité et rendement. Elle construit donc un portefeuille composé à parts égales d'obligations, de fonds diversifiés et d'actions de grandes entreprises, afin de limiter les pertes potentielles tout en profitant d'une certaine croissance.*

Exemple 8 : *Bernard, 59 ans, approche de la retraite et souhaite sécuriser son capital pour compléter sa pension. Il a peu de dettes mais n'est pas prêt à voir la valeur de ses placements baisser fortement. Après avoir évalué sa situation et ses objectifs, il se reconnaît dans un profil prudent. Il privilégie alors les obligations de qualité, et des fonds monétaires. Il garde une part importante de liquidités, n'accordant qu'une petite place aux actions pour limiter la volatilité. Cette répartition lui permet d'avoir l'esprit tranquille et de préserver son capital en vue de la retraite.*

Stratégie d'investissement

Lorsque vous décidez d'investir en bourse, une des premières questions à trancher est la suivante : souhaitez-vous déléguer la gestion de votre portefeuille à un professionnel, ou préférez-vous prendre les commandes vous-même ? Il n'y a pas de bonne ou de mauvaise réponse. Tout dépend de votre profil, de votre niveau de connaissances, du temps que vous êtes prêt à consacrer à vos investissements et de votre appétence pour les marchés financiers.

Confier ses investissements à un professionnel, que ce soit un conseiller bancaire, un gestionnaire de patrimoine ou une société spécialisée, peut-être une option rassurante. Vous bénéficiez alors de l'expertise d'un tiers, capable de construire un portefeuille adapté à votre situation, de surveiller les marchés en permanence et de prendre des décisions à votre place.

Certaines banques en ligne ou plateformes proposent même des portefeuilles types, souvent construits autour d'ETF diversifiés, dans lesquels vous pouvez investir automatiquement via des versements réguliers. Cette approche convient particulièrement à ceux qui souhaitent investir sans y consacrer de temps ni d'énergie. Toutefois, il convient d'être attentif aux frais associés : les conseils personnalisés, la gestion sous mandat ou les produits « maison » proposés par certains établissements peuvent entraîner des coûts importants, parfois au détriment de la performance finale. Par ailleurs, la personnalisation des solutions proposées reste parfois limitée.

À l'inverse, gérer activement son propre portefeuille vous donne un contrôle total sur vos investissements. Vous choisissez vous-même vos allocations, vos ETF, vos actions, vos obligations, selon vos convictions et vos objectifs. Cette approche demande une implication plus importante, mais elle peut aussi s'avérer très gratifiante. Elle vous permet d'apprendre à mieux comprendre les marchés, de suivre l'évolution de vos actifs et d'ajuster vos positions en fonction des conditions économiques. Pour beaucoup, c'est aussi un moyen de s'impliquer davantage dans la construction de leur patrimoine.

Toutefois, cette autonomie peut être à double tranchant. Gérer activement son portefeuille nécessite du temps, une capacité à rester informé et, surtout, une bonne discipline émotionnelle. Le risque de prendre de mauvaises décisions sous le coup de l'émotion, de paniquer lors d'une baisse de marché ou de « courir après le rendement » est bien réel. Il faut également éviter la tentation de multiplier les transactions, ce qui augmente les frais et peut nuire à la performance.

Entre ces deux extrêmes, une voie intermédiaire existe : celle de la gestion semi-active. Vous pouvez, par exemple, construire un portefeuille simple composé en grande partie d'ETF, ce qui vous garantit une large diversification à moindres frais, tout en sélectionnant quelques titres individuels ou secteurs spécifiques que vous suivez de plus près. Cette stratégie vous permet d'avoir un socle stable et automatisé, tout en gardant une marge de manœuvre pour exprimer vos convictions ou chercher un surplus de rendement.

En définitive, choisir une stratégie d'investissement, c'est d'abord choisir une méthode adaptée à vos besoins et à votre situation. Si vous préférez la sérénité et avez peu de temps à y consacrer, déléguer peut être judicieux. Si vous êtes curieux, autonome, et que vous aimez comprendre les choses en profondeur, gérer vous-même votre portefeuille peut devenir une aventure passionnante. Et rien ne vous empêche de commencer en délégation pour ensuite évoluer vers plus d'autonomie au fil du temps. L'essentiel est de rester cohérent avec votre profil et vos objectifs à long terme.

Lorsque vous constituez votre premier portefeuille, il est essentiel d'adopter une stratégie d'investissement à la fois prudente, structurée et adaptée à votre niveau de connaissance. L'objectif n'est pas de réaliser des coups spectaculaires ni de faire du trading, mais plutôt de bâtir progressivement un patrimoine financier solide et durable. La meilleure approche repose sur quelques piliers simples : la diversification, la régularité, la patience et la gestion des émotions.

La première étape consiste à comprendre que l'investissement en bourse n'est ni un jeu de hasard ni un moyen de s'enrichir rapidement. Il s'agit d'un processus de long terme, fondé sur la croissance des entreprises et des économies. À ce titre, le choix des instruments est fondamental. Pour un débutant, il est souvent plus judicieux de commencer avec des ETF traditionnels en gestion passive. Cette approche réduit les risques liés à une seule entreprise et simplifie considérablement la gestion.

Une stratégie particulièrement efficace pour les débutants est l'investissement programmatique, aussi appelé "dollar-cost averaging" (DCA). Cela consiste à investir la même somme d'argent à intervalles réguliers (par exemple chaque mois), quelle que soit la situation du marché. Cette méthode permet d'acheter plus d'unités quand les prix sont bas et moins quand ils sont hauts, lissant ainsi le coût moyen d'achat dans le temps. En plus de limiter l'impact de la volatilité, elle réduit le stress lié aux décisions de timing, souvent difficiles même pour les investisseurs expérimentés.

La clé de la réussite en bourse réside dans la patience et la discipline. Il est fortement conseillé de ne pas suivre au jour le jour les fluctuations de votre portefeuille, au risque de céder à la panique lors de baisses de marché. Les marchés boursiers peuvent connaître des périodes de baisse brutale, mais ils ont historiquement toujours fini par rebondir et croître à long terme. La meilleure réaction face à un marché en baisse n'est pas de vendre dans la panique, mais souvent de ne rien faire, voire de continuer à investir à prix réduit.

Pour maximiser l'efficacité de cette stratégie, il convient également de se poser des questions simples mais importantes : quel est votre horizon de placement ? Avez-vous besoin de cet argent dans les deux ou trois prochaines années ? Si la réponse est oui, la bourse n'est pas l'endroit idéal. Investir en actions est adapté à un horizon de moyen à long terme (cinq à dix ans ou plus). Il est aussi essentiel de disposer d'un fonds de sécurité, une épargne de précaution disponible immédiatement en cas d'imprévu, avant même de placer son argent en bourse.

Enfin, gardez à l'esprit que la formation continue est votre meilleure alliée. Prenez le temps de lire des ouvrages de référence, de suivre des ressources fiables et de comprendre progressivement les principes de la finance et des marchés. Il n'est pas nécessaire d'être un expert pour bien investir, mais il est fondamental de savoir ce que vous faites et pourquoi vous le faites.

En résumé, un investisseur débutant a tout intérêt à adopter une stratégie simple : investir régulièrement dans des ETF diversifiés, sur le long terme, tout en gardant une épargne de sécurité et en évitant les tentations de spéculation. Ce n'est peut-être pas la stratégie la plus excitante, mais c'est probablement l'une des plus efficaces pour construire sereinement un patrimoine boursier.

Différentes approches proposées

Il est essentiel de savoir qu'il n'existe pas une seule manière d'investir en bourse, mais bien une multitude d'approches possibles. Chacune comporte ses spécificités, ses avantages et ses limites. Deux grandes philosophies d'investissement se démarquent souvent: l'investissement « value » et l'investissement « croissance ».

Si vous vous orientez vers la stratégie dite « value », vous allez chercher des entreprises solides, bien établies, mais momentanément sous-évaluées par le marché. Ce sont souvent des sociétés rentables, peu médiatisées, dont le cours de l'action semble inférieur à leur véritable valeur intrinsèque. L'idée ici est d'acheter à bon prix des entreprises de qualité et d'attendre patiemment que le marché finisse par reconnaître leur potentiel. Cette méthode demande du discernement et surtout de la patience, car la valorisation peut prendre du temps à se redresser.

À l'opposé, l'investissement « croissance » séduit ceux qui souhaitent miser sur l'avenir. Cette approche consiste à repérer des entreprises jeunes ou innovantes, souvent issues de secteurs dynamiques comme la technologie, la santé ou les énergies renouvelables. Ces sociétés réinvestissent généralement leurs bénéfices pour accélérer leur expansion. Le potentiel de rendement peut être spectaculaire, mais le risque est plus élevé, car toutes les entreprises en forte croissance ne tiennent pas leurs promesses sur le long terme. Une bonne stratégie de départ pourrait consister à combiner ces deux styles afin de bénéficier à la fois de la stabilité des entreprises sous-évaluées et de l'élan offert par les sociétés en pleine ascension.

Au-delà de ce choix stylistique, il est important d'opter pour une méthode d'investissement qui corresponde à votre tempérament et à votre mode de vie. Si vous appréciez la régularité et que vous souhaitez voir votre argent vous rapporter sans devoir vendre vos titres, vous pourriez envisager une stratégie axée sur les dividendes. Elle repose sur la sélection d'entreprises qui redistribuent régulièrement une part de leurs bénéfices à leurs actionnaires. Ces revenus peuvent compléter vos ressources, être réinvestis pour accélérer la croissance de votre portefeuille, ou tout simplement renforcer votre sentiment de sécurité financière.

Une autre méthode, très populaire auprès des investisseurs de long terme, est celle du « buy and hold », littéralement « acheter et conserver ». Elle consiste à identifier de belles entreprises, à les acheter à bon prix et à les garder plusieurs années, voire plusieurs décennies. Cette approche, rendue célèbre par Warren Buffett, demande peu d'intervention et repose sur la conviction que la qualité finit toujours par être récompensée. Elle est particulièrement adaptée si vous souhaitez investir sans devoir surveiller les marchés au quotidien.

À l'inverse, si vous êtes passionné, curieux, et que vous êtes prêt à y consacrer beaucoup de temps, le trading actif peut vous sembler attirant. Il s'agit ici d'acheter et de vendre des titres à court terme pour tirer parti des variations de prix. Toutefois, cette approche, souvent présentée comme spectaculaire, exige un très haut niveau de discipline, de formation et de sang-froid. Elle comporte des risques importants, notamment pour les investisseurs débutants. Il est donc préférable de s'y aventurer avec prudence, voire plus tard, une fois que vous aurez acquis de l'expérience et une bonne connaissance des marchés.

Pour vous inspirer, n'hésitez pas à étudier les parcours des grands investisseurs. Warren Buffett, figure emblématique de la stratégie « value », a bâti sa fortune sur une vision à long terme, en s'appuyant sur des entreprises robustes et bien gérées. Peter Lynch, célèbre pour avoir dirigé le fonds Magellan, combinait flair et curiosité pour dénicher des entreprises en pleine croissance avant que le grand public ne les découvre. Philip Fisher, quant à lui, accordait une importance capitale à la connaissance approfondie des entreprises dans lesquelles il investissait, allant jusqu'à rencontrer les dirigeants et les partenaires commerciaux pour se forger une conviction.

Ce que ces trois hommes ont en commun, c'est une méthode claire, adaptée à leur personnalité, et une discipline exemplaire. En prenant le temps de vous informer, d'expérimenter avec prudence, et en restant fidèle à une stratégie qui vous ressemble, vous développerez une approche qui vous conviendra sur la durée. Investir avec succès n'est pas une affaire de chance, mais de méthode, de rigueur et de constance. Vous êtes libre d'écrire votre propre chemin, à votre rythme, en capitalisant sur les leçons de ceux qui ont tracé la voie avant vous.

Équilibrer les actions avec des obligations

Lorsque vous commencez à investir en bourse, il est naturel de vous orienter vers les actions, qui offrent un fort potentiel de croissance. Mais avec le temps, ou selon votre profil, vous ressentirez peut-être le besoin d'introduire davantage de stabilité dans votre portefeuille. C'est là que les obligations entrent en jeu. Elles vous permettent de lisser les performances de votre portefeuille, surtout en période de forte volatilité sur les marchés actions.

Si vous souhaitez intégrer des obligations à votre stratégie, une option souvent plus judicieuse consiste à les acheter directement plutôt que de passer par des fonds ou des ETF obligataires. Pourquoi ce choix ? Parce que lorsque vous achetez une obligation en direct, vous connaissez à l'avance le rendement que vous allez percevoir et la date à laquelle vous récupérerez votre capital. Vous pouvez décider de la conserver jusqu'à son échéance, ce qui vous protège contre les fluctuations du marché entre-temps. Peu importe que le prix de l'obligation varie en cours de route : si vous allez au bout, vous touchez vos intérêts et récupérez votre mise initiale.

À l'inverse, un fonds ou un ETF obligataire fonctionne différemment. Le gestionnaire y achète et vend des obligations en permanence, sans échéance fixe. Cela signifie que vous êtes exposé aux hausses ou aux baisses de taux d'intérêt, et que la valeur du fonds peut varier à la hausse comme à la baisse, même si les obligations détenues arrivent à maturité. Contrairement aux obligations individuelles, il n'y a pas de « fin de contrat » qui vous assure de retrouver un montant défini. Cela peut rendre la gestion de votre trésorerie plus incertaine.

Il existe cependant une solution intermédiaire, intéressante à considérer : les fonds ou ETF obligataires à échéance fixe. Ces produits se situent à mi-chemin entre l'achat d'obligations individuelles et l'investissement en fonds traditionnels. Comme pour une obligation, vous avez une visibilité sur les revenus que vous allez percevoir — sous forme d'intérêts réguliers — et sur la date à laquelle le capital vous sera restitué. En prime, vous bénéficiez d'une diversification, car le fonds regroupe plusieurs émetteurs. Cela peut représenter une manière plus simple de diversifier votre portefeuille obligataire sans avoir à choisir chaque obligation vous-même.

Ce type de fonds vous offre une meilleure lisibilité sur vos flux financiers. Vous savez à peu près combien vous allez recevoir et à quel moment, ce qui facilite la planification de vos investissements futurs. Une fois l'échéance atteinte, vous récupérez votre capital et pouvez décider de le replacer dans une nouvelle opportunité, selon vos objectifs du moment et l'environnement économique.

En résumé, équilibrer votre portefeuille en combinant actions et obligations est une stratégie saine, surtout lorsque votre horizon de placement se rapproche ou que vous cherchez à réduire la volatilité. Opter pour des obligations en direct ou pour des fonds à échéance fixe vous donne plus de contrôle, une meilleure prévisibilité, et une tranquillité d'esprit qui peut faire toute la différence dans la durée. À vous de choisir ce qui correspond le mieux à votre profil et à vos besoins.

Exemple 9 : *Yassine, 27 ans, développeur web, se passionne pour la stratégie « buy and hold. » Il investit dans des entreprises technologiques qu'il connaît bien et décide de ne pas vendre, même lors des baisses de marché. Dix ans plus tard, la valeur de son portefeuille a quadruplé, lui permettant d'acheter son premier appartement.*

La méthode DCA

Le **Dollar Cost Averaging (DCA)**, ou « investissement programmé », est une stratégie qui consiste à investir régulièrement une somme fixe dans un actif financier, quelle que soit l'évolution de son prix. Par exemple, au lieu d'investir 12 000 euros en une seule fois, vous pourriez placer 1 000 euros chaque mois pendant un an. Cette approche permet de lisser votre prix d'achat dans le temps, car vous achetez plus de parts lorsque les prix sont bas et moins de parts lorsqu'ils sont hauts. Le DCA ne cherche pas à anticiper le meilleur moment pour entrer sur le marché, mais à réduire l'impact de la volatilité à court terme.

Cette méthode est particulièrement adaptée aux investisseurs débutants ou prudents, car elle enlève le stress lié au « market timing », c'est-à-dire la tentative de prédire les variations du marché. Plutôt que de redouter une chute des cours après un investissement massif, vous répartissez vos entrées de manière progressive, ce qui limite les risques d'acheter au mauvais moment. C'est aussi une stratégie psychologiquement confortable : elle permet d'automatiser vos placements, de rester discipliné et de ne pas céder à la panique lors des baisses de marché, puisque ces baisses vous permettent d'acheter plus de parts au même montant investi.

Le DCA est particulièrement efficace lorsqu'il s'agit d'investir dans des actifs à long terme, comme les actions ou les fonds indiciels. Bien qu'il ne garantisse pas de rendement élevé, il favorise la régularité et la patience, deux qualités essentielles pour faire fructifier un capital. En investissant progressivement, vous profitez pleinement de l'effet des intérêts composés et réduisez le risque de regret lié à une entrée massive sur un marché qui pourrait se retourner. C'est une approche idéale pour se constituer un portefeuille solide, surtout si vous débutez et que vous cherchez à bâtir votre patrimoine pas à pas.

Exemple 10 : *Laurent, 38 ans, boulanger, souhaite investir dans un fonds indiciel mais a peur de se tromper sur le moment d'achat. Plutôt que de placer ses 6 000 euros en une seule fois, il décide d'investir 500 euros chaque mois pendant un an. Quand le marché baisse, il achète plus de parts avec la même somme, et quand il remonte, ses anciennes parts prennent de la valeur. Au bout de l'année, il a constitué un portefeuille équilibré, avec un prix d'achat moyen avantageux.*

Exemple 11 : *Amélie, 32 ans, graphiste indépendante, met en place un plan d'investissement automatique de 200 euros par mois dans une action technologique. Sans se soucier des fluctuations du marché, elle investit régulièrement, même quand les prix baissent. Trois ans plus tard, elle réalise qu'elle a accumulé un capital solide sans jamais avoir eu à « deviner » le bon moment pour investir.*

Quelques observations

Se lancer en bourse est une démarche enthousiasmante, mais les premiers pas sont souvent semés d'embûches. De nombreux investisseurs débutants, animés par la volonté de bien faire, tombent dans des pièges classiques. En les identifiant à l'avance, vous augmentez vos chances de bâtir un portefeuille solide et durable.

L'une des erreurs les plus fréquentes consiste à confondre l'investissement en bourse avec un jeu à court terme. Attiré par des témoignages de gains rapides ou des titres accrocheurs sur les réseaux sociaux, l'investisseur novice peut vite avoir l'impression d'évoluer dans un casino. Pourtant, investir demande de la patience, de la méthode et une vision à long terme. Les marchés fluctuent chaque jour, parfois brutalement, mais ce sont les tendances sur plusieurs années qui déterminent les vrais résultats.

Autre piège courant : se laisser guider par ses émotions. Il est bien documenté que la majorité des investisseurs particuliers achètent quand les marchés sont hauts — par peur de rater une opportunité — et vendent quand ils sont bas, poussés par la panique. Cette dynamique irrationnelle, bien connue des professionnels, vous pousse à faire exactement l'inverse de ce qu'il faudrait. Une règle boursière le résume bien : « acheter au son du canon, vendre au son du clairon ». En d'autres termes, c'est souvent en période de crise que les meilleures opportunités apparaissent, tandis qu'en période d'euphorie, les valorisations sont souvent exagérées.

Investir efficacement, c'est donc garder la tête froide. Ne pas céder à l'enthousiasme collectif, ni à la peur ambiante. Une stratégie réfléchie, appliquée avec constance, surpasse largement les tentatives de prédiction des mouvements de marché.

Le manque de diversification constitue une autre erreur fréquente. Il est tentant de miser sur quelques actions populaires ou prometteuses. Mais si ces entreprises rencontrent des difficultés, c'est tout votre portefeuille qui en souffrira. Une répartition équilibrée entre secteurs, régions et classes d'actifs est la meilleure assurance contre les à-coups du marché.

Il est également essentiel de ne pas négliger les frais. Certains produits peuvent paraître attractifs au premier abord, mais perdre leur intérêt une fois les frais de gestion, de courtage et les prélèvements fiscaux intégrés. Apprendre à comparer les produits en tenant compte du coût total est une compétence clé pour tout investisseur avisé.

Beaucoup de débutants suivent aussi des recommandations mal adaptées à leur situation : un conseil d'ami, une vidéo virale, un article enthousiaste... Mais un bon investissement pour l'un ne l'est pas forcément pour l'autre. Plus vous développerez vos propres connaissances, plus vous serez capable de juger par vous-même.

L'excès de confiance peut également vous jouer des tours. Certains débutants croient pouvoir battre le marché dès leurs premiers mois, multiplient les transactions, changent de stratégie au gré des tendances, et finissent par s'épuiser. Il est plus sage de commencer simplement, avec des ETF larges, peu coûteux, et bien diversifiés, en adoptant une approche progressive.

Enfin, débuter sans plan est une erreur trop souvent sous-estimée. Sans objectifs clairs, sans horizon d'investissement défini ni évaluation de votre tolérance au risque, vous naviguez à vue. Or, une stratégie même simple, si elle est cohérente et rigoureusement appliquée, surpasse une suite d'initiatives désordonnées.

Ces erreurs font partie de l'apprentissage, mais les connaître à l'avance vous fera gagner un temps précieux. Investir en Bourse ne demande pas d'être un génie de la finance. Il faut avant tout de la discipline, de la patience, et un esprit critique.

Investir ou spéculer : deux approches à ne pas confondre

Il est essentiel de comprendre la différence entre investir et spéculer. Lorsque vous investissez, vous prenez le temps de comprendre l'actif dans lequel vous placez votre argent. Si vous achetez une action, vous réfléchissez à la valeur de l'entreprise, à son potentiel, et vous êtes prêt à conserver vos titres sur plusieurs années, parfois même toute une vie.

La spéculation, en revanche, consiste à acheter et vendre rapidement dans l'espoir de profiter des variations de prix à court terme, sans forcément s'intéresser aux fondamentaux de l'entreprise. C'est une approche qui repose davantage sur les fluctuations du marché que sur la solidité de ce que vous détenez.

Investir, c'est donc miser sur la croissance et la pérennité d'une entreprise. Spéculer, c'est parier sur des mouvements de prix imprévisibles. Sur le long terme, c'est l'investissement réfléchi, discipliné, qui donne les meilleurs résultats.

La règle de Pareto adaptée aux rendements boursiers

Dans l'univers de l'investissement, on observe souvent une forme de déséquilibre qu'illustre bien la règle de Pareto, aussi appelée règle des 80/20. Appliquée à la bourse, elle suggère qu'environ 20 % de vos positions peuvent générer 80 % de vos gains.

Autrement dit, dans un portefeuille bien construit, une minorité d'investissements produira l'essentiel de la performance à long terme. Cela montre l'importance de repérer et de conserver ces « perles rares », souvent des entreprises en forte croissance ou achetées à un moment opportun. À l'inverse, une grande partie de vos titres affichera une performance plus neutre, voire décevante, sans compromettre pour autant votre réussite globale.

Cette dissymétrie naturelle est bien connue des grands investisseurs. Warren Buffett l'a souvent rappelé : l'essentiel de sa fortune provient de quelques investissements exceptionnels, conservés sur plusieurs décennies, comme Coca-Cola, American Express ou Apple.

Autrement dit, il ne s'agit pas que chaque position soit un coup de maître. L'important est de laisser du temps aux bons investissements pour exprimer tout leur potentiel, en gardant une approche patiente et disciplinée.

Exemple 12 : *Julie, 18 ans, étudiante, commence à investir en suivant les conseils enthousiastes d'un influenceur. Elle achète plusieurs actions recommandées sans vraiment comprendre les activités des entreprises. Après quelques mois, elle constate que certains titres ont fortement baissé et se rend compte qu'elle a manqué de recherche personnelle et de diversification.*

Exemple 13 : *Marc, 35 ans, électricien, se laisse guider par ses émotions. Lors d'une forte hausse des marchés, il achète massivement, persuadé de ne pas rater l'opportunité. Mais lorsque les marchés corrigent et chutent de 10%, il cède à la panique et revend ses actions à perte. Ce va-et-vient émotionnel lui coûte cher et l'empêche de profiter de la croissance à long terme.*

Exemple 14 : *Claire, 42 ans, femme au foyer, investit sans plan précis. Elle change régulièrement de stratégie au gré des articles lus et des discussions avec ses amis. Son portefeuille devient désordonné: elle ne connaît ni ses objectifs, ni sa tolérance au risque, et finit par se décourager devant le manque de résultats.*

Exemple 15 : *Philippe, 56 ans, consultant en entreprise, suit l'actualité financière depuis toujours et pense pouvoir battre le marché dès ses débuts. Il multiplie les ordres d'achat et de vente, convaincu de repérer les meilleures opportunités. Mais à force de changer de cap et de négliger les frais de courtage, il réalise après un an, que ses rendements sont inférieurs à ceux d'un simple ETF diversifié détenu sur le long terme.*

Les pièges de l'investissement en bourse : les biais cognitifs

Lorsque vous investissez, il ne s'agit pas uniquement de chiffres ou de graphiques. Votre état d'esprit, vos émotions et vos réflexes psychologiques jouent un rôle immense dans la qualité de vos décisions financières. Bien souvent, nous croyons agir de manière rationnelle, alors que nous sommes influencés par des mécanismes inconscients, appelés « **biais cognitifs** ». Ces biais peuvent vous amener à acheter ou vendre au mauvais moment, à ignorer des signaux d'alerte ou à suivre des modes sans fondement. Comprendre ces pièges mentaux est essentiel pour mieux les éviter et pour progresser dans votre approche de l'investissement. Apprendre à vous connaître est tout aussi important que d'analyser les marchés : la maîtrise de vos émotions sera votre meilleure alliée sur le long terme.

L'un des biais les plus fréquents est **le biais de confirmation**. Il vous pousse à rechercher uniquement les informations qui confortent vos convictions, tout en écartant celles qui pourraient les contredire. Par exemple, si vous êtes persuadé qu'une entreprise va prospérer, vous serez tenté de ne lire que les avis favorables ou de n'écouter que les experts qui partagent votre opinion, en négligeant des analyses plus critiques. Cette attitude peut vous enfermer dans une vision biaisée de la réalité. Pour progresser, vous devez apprendre à écouter les arguments opposés et à rester ouvert, même si cela remet en question vos croyances initiales.

Vous devez également être attentif au **biais de résultat**, qui consiste à juger une décision uniquement par son issue, et non par la logique ou la qualité du raisonnement qui l'a précédée. Si vous investissez dans une action au hasard et que sa valeur double, vous pourriez croire que votre choix était brillant, alors qu'il reposait sur la chance. À l'inverse, une décision mûrement réfléchie peut entraîner une perte à court terme en raison de facteurs imprévus. Ce biais est dangereux, car il peut vous donner une illusion de compétence ou vous décourager injustement. Ce qui compte vraiment, c'est la qualité du processus d'investissement que vous mettez en place, pas le hasard des résultats ponctuels.

Un autre piège psychologique est **l'aversion aux pertes**. Les études montrent que perdre 100 euros provoque en vous une douleur émotionnelle bien plus intense que le plaisir d'en gagner 100. Ce biais vous incite souvent à vendre trop vite vos positions gagnantes, par peur de voir vos profits disparaître, ou à conserver vos positions perdantes trop longtemps, dans l'espoir de « récupérer vos pertes ». Pour ne pas tomber dans ce piège, fixez-vous des objectifs clairs dès le départ, et tenez-vous-y, même lorsque vos émotions vous poussent à agir sous l'impulsion.

Il existe également **le biais d'ancrage**, qui vous pousse à accorder trop d'importance à une première information ou à un chiffre de référence. Si vous avez acheté une action à 50 euros, vous pourriez refuser de la vendre à 45 euros, même si les perspectives de l'entreprise sont désormais mauvaises, simplement parce que ce prix initial sert de repère dans votre esprit. Pour progresser, il est important d'apprendre à réévaluer vos positions avec objectivité, en fonction de données actuelles et non de vos points de départ.

Enfin, méfiez-vous du **comportement grégaire**, cette tendance naturelle à suivre la foule par peur de manquer une opportunité. Lorsque tout le monde parle d'un actif « qui ne fait que monter », il est très tentant d'y investir sans réelle analyse. Mais les foules s'emballent et se trompent souvent, comme lors des bulles spéculatives. Votre force d'investisseur viendra de votre capacité à garder la tête froide, à faire vos propres recherches et à rester fidèle à votre stratégie, même quand l'euphorie collective vous incite à faire l'inverse.

Exemple 16 : *Nathalie, 46 ans, professeure, a acheté un fonds d'investissement qui a perdu 20 % de sa valeur. Elle refuse de le vendre, persuadée qu'elle ne perdra qu'en le cédant. Son aversion aux pertes la paralyse : elle garde ce placement dans l'espoir qu'il remonte, alors qu'un investissement mieux choisi pourrait compenser cette perte en quelques années.*

Exemple 17 : *Karim, 31 ans, employé dans la logistique, a réalisé un petit gain sur une action et la revend aussitôt, de peur de voir ses profits disparaître. Il agit sous l'effet de l'aversion aux pertes, préférant sécuriser un gain minime plutôt que de suivre une stratégie à long terme. Au final, il passe à côté d'un potentiel de croissance beaucoup plus important.*

Exemple 18 : *Isabelle, 54 ans, pharmacienne, lit un article vantant une société de biotechnologie. Convaincue que c'est un bon* *investissement, elle cherche uniquement des informations qui confirment cet avis et ignore les analyses prudentes d'autres experts. Son biais de confirmation la pousse à investir massivement dans cette valeur, qu'elle garde trop longtemps malgré les signaux de risque.*

Exemple 19 : *Thomas, 27 ans, étudiant en reconversion, investit dans une entreprise technologique car un ami lui en a parlé en termes très positifs. Il passe ses soirées à lire des forums où les investisseurs enthousiastes confirment son choix, tout en négligeant des rapports financiers montrant des faiblesses. Son biais de confirmation l'empêche de voir les failles de son investissement, et il perd une grande partie de son capital lorsque la société fait faillite.*

Exemple 20 : *Sophie, 29 ans, jeune cadre, a acheté des actions d'une start-up un peu au hasard. Quelques mois plus tard, leur valeur double grâce à un effet de mode. Elle pense que ce succès est dû à son « flair » d'investisseuse, alors qu'il n'était fondé sur aucune analyse. Trompée par le biais de résultat, elle prend des risques de plus en plus grands, jusqu'au jour où un mauvais pari efface tous ses gains.*

Conclusion

Investir en bourse n'est plus réservé à une élite ou à quelques initiés. Aujourd'hui, avec les outils numériques, la baisse des frais, et l'abondance de ressources pédagogiques, chacun peut commencer à faire fructifier son épargne de manière simple, progressive et responsable. Ce chapitre vous a montré que même avec un petit capital, il est possible d'accéder aux marchés financiers et de bâtir un portefeuille adapté à vos objectifs.

Avant toute chose, il est essentiel de bien se connaître. Votre profil de risque, vos objectifs personnels et votre horizon de placement doivent guider vos décisions. Il ne s'agit pas d'imiter les autres ou de chercher à battre le marché, mais de trouver une stratégie cohérente avec votre personnalité, vos contraintes, et vos projets de vie. Investir, c'est d'abord un acte réfléchi, pas un pari hasardeux.

La diversification joue un rôle central dans la construction d'un portefeuille solide. En répartissant vos investissements entre actions, obligations, ETF ou fonds, vous réduisez le risque global et vous vous protégez contre les imprévus. De même, investir à travers différents secteurs et zones géographiques permet d'amortir les chocs et d'exploiter la croissance là où elle se trouve. Un portefeuille diversifié est souvent plus stable, et surtout plus résilient sur le long terme.

Les ETF ont été présentés comme un outil puissant pour les investisseurs débutants comme pour les plus expérimentés. Grâce à leur simplicité, leur faible coût et leur capacité à répliquer un indice ou un secteur entier, ils vous permettent de bâtir un portefeuille équilibré, même avec de petites sommes. Qu'ils soient en gestion passive ou active, capitalisant ou distribuant, il en existe pour tous les profils, à condition de bien comprendre leur fonctionnement.

Nous avons également vu que la patience et la régularité sont vos meilleurs alliés. Inutile de chercher à anticiper chaque mouvement de marché : en investissant régulièrement, avec constance et sang-froid, vous profitez pleinement de l'effet des intérêts composés et lissez les fluctuations. Cette approche disciplinée, parfois un peu ennuyeuse à court terme, est pourtant l'une des plus efficaces pour construire un patrimoine durable.

Enfin, il ne faut pas sous-estimer l'importance de la pédagogie et de l'expérience. Se former, lire, observer, se tromper parfois mais continuer à apprendre : c'est ainsi que vous deviendrez un investisseur plus confiant et plus autonome. Il n'y a pas de recette miracle ni de modèle unique à suivre. Ce qui compte, c'est d'avancer à votre rythme, en vous appuyant sur des principes solides et en restant fidèle à votre vision.

Investir en bourse, ce n'est pas seulement faire fructifier son argent : c'est aussi développer une relation plus mature avec l'argent, apprendre à gérer ses émotions, ne pas céder aux biais cognitifs, à penser long terme et à se construire un avenir plus libre. Vous êtes désormais mieux armé pour prendre vos décisions. Et rappelez-vous : il ne s'agit pas d'être parfait, mais d'être régulier, curieux, patient et aligné avec vos propres valeurs. C'est ainsi que l'on devient un investisseur serein.

Exercice 1 : Décrivez une action versus une obligation

- Expliquez, avec vos propres mots, la différence fondamentale entre une action et une obligation.
- Donnez un exemple concret de situation où vous préféreriez investir dans l'une plutôt que dans l'autre, en tenant compte de votre tolérance au risque et de vos objectifs financiers.

Exercice 2 : Déterminez la gestion qui vous convient le mieux

- Indiquez quelle approche de gestion active ou passive vous attire le plus et pourquoi.
- Citez au moins deux avantages et deux inconvénients de l'approche que vous choisissez, en vous appuyant sur les arguments du texte.

Exercice 3 : Analysez un ETF

- Choisissez un ETF coté sur Euronext ou une autre grande place boursière (par exemple, via JustETF ou le site de l'émetteur).
- Analysez sa composition, ses frais, sa méthode de réplication (physique ou synthétique) et son type (capitalisant ou distribuant).
- Expliquez pourquoi cet ETF pourrait ou ne pourrait pas vous convenir.

Exercice 4 : Déterminez vos actifs préférés

- Classez par ordre décroissant les types d'actifs qui vous intéressent.
- Quels sont les éléments qui justifient votre choix ?

Exercice 5 : Etablissez votre tolérance au risque

- Imaginez que vous avez investi 10 000 € en Bourse. En l'espace de quelques mois, la valeur de votre portefeuille chute de 20 %, passant à 8 000 €.
- Décrivez comment vous réagiriez dans cette situation: seriez-vous tenté de vendre immédiatement pour limiter la perte, patienteriez-vous en espérant un rebond, ou envisageriez-vous d'acheter davantage d'actions à prix réduit ?
- Expliquez ce que cette réaction révèle sur votre tolérance au risque.

Exercice 6 : Fixez votre profil de risque

- Listez vos principales sources de revenus, le montant de votre épargne de précaution, vos dettes éventuelles et vos projets à court, moyen et long terme (achat immobilier, retraite, études des enfants, etc.).
- En fonction de ces éléments, estimez si vous pouvez vous permettre de prendre des risques ou si vous devez privilégier la sécurité.
- Justifiez votre réponse.
- Quel est votre profil de risque (voir table 3) ?

Exercice 7 : Déterminez votre horizon de placement minimum

- Réfléchissez à la durée pendant laquelle vous pouvez laisser votre argent investi sans en avoir besoin.
- Classez-vous dans l'une de ces catégories: moins de 3 ans (court terme), entre 3 et 8 ans (moyen terme), plus de 8 ans (long terme).

- Expliquez comment cet horizon influence le niveau de risque que vous pouvez accepter dans vos investissements.

Exercice 8 : Trouvez vos erreurs les plus probables

- À partir de la liste des erreurs courantes des investisseurs débutants et des biais cognitifs présentés dans ce chapitre, choisissez-en trois qui vous semblent les plus risqués pour votre propre situation.
- Expliquez pourquoi vous pensez être particulièrement exposé à ces erreurs et proposez une solution concrète pour les éviter.

Exercice 9 : Etablissez votre allocation d'actifs

- Imaginez que vous disposez de 20 000 € à investir en bourse. En vous appuyant sur les instruments et les stratégies évoqués plus haut, proposez une répartition de votre portefeuille entre actions, obligations, ETF et fonds.
- Quelle stratégie allez-vous suivre ?
- Justifiez vos choix en fonction de votre horizon d'investissement et de votre profil de risque.

Bonus : Construisez vous-même votre portefeuille

Pour bien investir, il est essentiel de diversifier son portefeuille, c'est-à-dire de ne pas se concentrer sur un seul instrument, une seule entreprise ou un seul secteur. Cela permet de réduire le risque global, car la performance de différentes entreprises ou secteurs peut être influencée par des facteurs variés. Par exemple, un investisseur peut choisir d'acheter des actions d'entreprises dans des secteurs différents tels que la technologie, l'énergie, ou la santé, afin de mieux se protéger contre les risques spécifiques à un secteur particulier.

Vous pouvez décider de construire vous-même votre portefeuille en choisissant les composantes sur des critères bien établis. Que vous preniez des ETF, des actions ou obligations, il y a 7 règles de base à suivre pour équilibrer votre portefeuille.

Règle 1 :
Ne mettez pas plus de 10% de votre portefeuille sur un seul instrument individuel (Ex : l'action Tesla).

Règle 2 :
Équilibrez les secteurs : santé, consommation, technologie, énergie, biens de consommation courante,... et ne mettez pas plus de 25% sur un secteur.

Règle 3 :
Afin de bénéficier des intérêts composés, réinvestissez constamment les dividendes et intérêts que vous recevez.

Règle 4 : renforcez chaque mois votre portefeuille par de nouvelles liquidités, par exemple, le même montant afin de bénéficier au plus vite des intérêts composés.

Règle 5 :
Pour un portefeuille correctement diversifié, comptez entre 10 et 20 actions ou obligations et entre 5 et 10 s'il s'agit de fonds ou d'ETF. Pas plus car trop de diversification tue la performance.

Règle 6 :
Investissez sur le long terme. Par exemple, avec les actions, il faut un horizon de minimum de 10 ans.

Règle 7 :
Choisissez des actions de sociétés bien établies (« blue chips ») ou investissez dans des fonds ou ETF suivant des indices connus. En règle générale, choisissez des entreprises dont les gens auront toujours besoin même en cas de panique ou de récession (ex : consommation courante, énergie,..).

Règle 8 :
Investissez une partie importante de votre portefeuille aux U.S.A. (entre 30 et 50%) car c'est le plus grand marché des capitaux au monde, les entreprises sont plus performantes qu'ailleurs et les grosses capitalisations sont majoritairement tournées vers l'international avec seulement une partie de leurs bénéfices générés au U.S.A.

Vous pouvez vous-même constituer votre portefeuille en utilisant un ou plusieurs courtiers. Il n'est pas nécessaire de passer par votre banque.

Constituez un portefeuille qui vous demande un minimum de temps de gestion (sauf si vous aimez cela). En ce qui me concerne, je fais très peu d'opérations de désinvestissements (ventes), j'investis un montant fixe par mois, indépendamment des fluctuations des marchés et procède parfois à des réajustements. Par exemple, si je considère que les valeurs technologiques ont fortement progressé, j'en vends une partie pour rebalancer sur une autre secteur, la santé ou l'énergie...

Chapitre 9 : Fiscalité des opérations et comptes titres

Dans un univers financier en perpétuelle évolution, aborder la fiscalité dans un livre peut sembler délicat. Les lois changent, les règles se redéfinissent, et ce qui est vrai aujourd'hui pourrait ne plus l'être demain. Pourtant, il serait irresponsable de ne pas en parler. La fiscalité fait partie intégrante de toute stratégie d'investissement : elle en modifie les résultats et peut parfois orienter vos décisions.

Prenons un exemple concret. En Belgique, les produits d'épargne-pension ne sont pas toujours les plus performants en matière de rendement pur. Pourtant, grâce à leurs avantages fiscaux, ils peuvent s'avérer redoutablement efficaces lorsqu'ils sont intégrés intelligemment dans votre stratégie globale. Le même raisonnement vaut pour le Plan d'Épargne en Actions (PEA) en France. Dans bien des cas, ce n'est pas uniquement le rendement brut qui compte, mais le rendement net, une fois les impôts et les prélèvements sociaux déduits.

Dans ce chapitre, nous allons donc explorer les règles fiscales appliquées en juin 2025 aux opérations boursières et aux comptes-titres en Belgique et en France. Ce survol ne prétend pas à l'exhaustivité technique, mais vous apportera les connaissances essentielles pour mieux comprendre les grands mécanismes fiscaux qui impactent vos placements. Gardez en tête qu'il s'agit d'un panorama pédagogique, à actualiser si nécessaire auprès d'un professionnel ou au fil des évolutions légales.

Fiscalité des opérations et comptes titres en Belgique

La Taxe d'Opérations de Bourse

En Belgique, toute opération d'achat ou de vente de titres financiers est soumise à une taxe spécifique : la Taxe d'Opérations de Bourse, couramment appelée TOB. Il s'agit d'une taxe que vous payez à chaque fois que vous passez un ordre sur un marché réglementé, que ce soit pour acquérir ou céder un actif. Elle concerne aussi bien les particuliers que les professionnels, et s'applique aux deux parties impliquées dans la transaction : l'acheteur comme le vendeur.

Prenons un exemple simple : si vous vendez des actions à un autre investisseur, chacun devra s'acquitter de cette taxe. Elle est donc prélevée deux fois pour chaque transaction complète, une première fois sur la vente, une seconde sur l'achat. Les intermédiaires financiers – comme les banques ou les courtiers en ligne – se chargent automatiquement de la percevoir et de la reverser à l'administration fiscale.

La TOB s'applique à un large éventail d'instruments cotés : actions, obligations, certificats immobiliers, bons de caisse, fonds d'investissement, droits de souscription, ou encore ETF. En revanche, elle ne concerne pas les comptes d'épargne ni les livrets réglementés.

Cette taxe doit être prélevée par les intermédiaires financiers (courtiers, banques,..) lors du passage d'ordre en Belgique d'instruments cotés en bourse : les actions, les obligations, les bons de caisse, les certificats immobiliers, les parts ou certificats de fonds communs de placement et les droits de souscription.

Les taux varient selon le type d'instrument.

La TOB est de **0,12%** et plafonnée à 1 300 € pour toute ordre passé sur des obligations belges et étrangères (bons d'État, titres de la dette publique, titres des emprunts émis par les Communautés, les Régions, les provinces ou les communes) et des parts de SIR (Sociétés Immobilières Réglementées).

La TOB est de **0,35%** et plafonnée à 1 600 € pour toute opération sur tous les autres titres (principalement des actions) belges et étrangers.

La TOB est de **1,32%** et plafonnée à 4 000 € pour toute opération sur les parts de capitalisation de sociétés d'investissement et de rachats de parts propres par les sociétés.

Pour les fonds d'investissement non cotés en bourse, il faut distinguer entre fonds capitalisant et fonds distribuant. Pour les fonds distribuant, il n'y a pas de TOB et pour les fonds capitalisant, il y a une TOB de **1,32%** qui ne s'applique qu'à la vente pas à l'achat. Ceci est indépendant du lieu d'enregistrement du fonds, en Belgique ou ailleurs.

Pour les ETF, il y a une complexité particulière : leur TOB dépend de leur politique de dividendes (accumulation ou distribuant) et du lieu d'enregistrement.

Si l'ETF est enregistré en Belgique, la TOB est applicable à l'achat et à la vente. Elle est de **0,12%** pour un ETF distribuant et de **1,32%** pour un ETF capitalisant. Si l'ETF n'est pas enregistré en Belgique, la TOB est de 0,12% quel que soit le mode de distribution du dividende.

Avant d'investir dans un ETF, prenez toujours le temps de consulter attentivement sa documentation fiscale. Vous y trouverez les informations nécessaires pour éviter toute mauvaise surprise. Ce simple réflexe vous aidera à optimiser vos frais et à faire des choix éclairés en fonction de votre stratégie.

Type de fonds	Capitalisant	Distribuant
Fonds d'investissement	1,32% à la vente uniquement	Pas de TOB
ETF enregistré en Belgique	1,32%	0,12%
ETF non-enregistré de Belgique	0,12%	0,12%

Table 5 : les taxes de bourse pour les fonds et ETF

Les opérations et instruments suivants sont exonérées de la taxe boursière :

- Les certificats de trésorerie et les OLO
- Les billets de trésorerie et certificats de dépôt
- Les opérations effectuées pour le portefeuille propre des intermédiaires financiers, assurances, fonds de placement, etc..

Exemple 1 : *Karim, 25 ans, travaille dans une boulangerie. Depuis le début de sa vie active, il met de côté une partie de ses revenus pour investir régulièrement dans un fonds luxembourgeois composé d'actions et qui capitalise les dividendes, c'est-à-dire qu'il réinvestit les gains au lieu de les distribuer. En janvier 2025, son portefeuille atteint une valeur de 50 000 €. Souhaitant adopter une stratégie plus prudente, il décide de revendre ses parts pour se tourner vers des placements plus sécurisés.*

Son fonds n'étant pas coté en bourse, la Taxe d'Opérations de Bourse (TOB) ne s'applique qu'au moment de la vente. Karim n'a donc payé aucune taxe lors de l'achat. En revanche, au moment de la revente, il devra s'acquitter d'une TOB de 1,32 %, soit un montant de 660 €. Ce prélèvement souligne à quel point il est essentiel de bien connaître la fiscalité qui s'applique à vos placements. S'il avait opté pour un fonds distribuant au lieu d'un fonds capitalisant, cette opération aurait été totalement exonérée de TOB.

Exemple 2 : *Sophie, 42 ans, cadre supérieur dans une compagnie d'assurances, décide d'investir 20 000 € dans un ETF actions capitalisant répliquant l'indice MSCI World. Elle choisit un ETF capitalisant, enregistré en Irlande, ce qui lui permet de bénéficier d'un régime fiscal particulièrement avantageux.*

Comme ce produit n'est pas enregistré en Belgique, la TOB qui s'applique est de seulement 0,12 %, quel que soit le mode de distribution du dividende. Ainsi, Sophie paiera une taxe de 24 € à l'achat de son ETF, et une somme équivalente lorsqu'elle décidera de le revendre. Ce choix lui permet non seulement d'accéder à une solution d'investissement performante et diversifiée, mais aussi de maîtriser ses frais fiscaux, ce qui contribue à optimiser le rendement net de son portefeuille.

Le précompte mobilier sur les intérêts et dividendes

La fiscalité belge sur les dividendes et intérêts présente des règles spécifiques, avec des exemptions et des mécanismes pour éviter la double imposition.

En général, il y a retenue à la source de **30%** comme précompte libératoire sur tous les intérêts et dividendes pour les obligations, actions, fonds d'investissement et ETF distribuant. Il y a des exemptions sur les actions (montant maximal exempté en 2025 : 859 € par an) pour lesquelles les taxes peuvent être récupérées dans la déclaration d'impôts.

Instrument	Dividendes/intérêts	Taux	Exemptions
Actions	Dividendes	30%	859 €/an
Obligations	Intérêts	30%	OLO, obligations européennes
Fonds d'investissement	Dividendes	30%	Aucune
ETF	Dividendes	30%	Aucune

Table 6 : les taxes sur les intérêts et dividendes

Cependant, lorsqu'on investit dans des instruments étrangers – comme des actions américaines, par exemple – la fiscalité devient plus complexe. Les revenus distribués, tels que les dividendes ou les intérêts, sont d'abord soumis à une retenue à la source dans le pays d'origine. Aux États-Unis, cette retenue peut s'élever à 30 %. Ensuite, ces montants sont encore soumis au précompte mobilier belge de 30 %, prélevé sur le montant net déjà réduit par la fiscalité étrangère.

Heureusement, la Belgique a signé des conventions de double imposition avec plusieurs pays. Ces traités permettent d'éviter une double taxation complète en plafonnant la retenue à la source étrangère. Ainsi, pour les dividendes américains, le taux passe généralement de 30 % à 15 % si les démarches administratives adéquates sont effectuées. Malgré cela, la fiscalité sur les revenus d'origine étrangère reste lourde en Belgique et peut diminuer sensiblement le rendement net perçu par l'investisseur.

Il est donc essentiel, lorsque vous construisez votre portefeuille, de prendre en compte non seulement la performance brute des investissements, mais aussi leur fiscalité. Une stratégie efficace s'appuie sur une combinaison intelligente de produits belges et étrangers, en tenant compte des traitements fiscaux applicables, pour maximiser vos rendements nets sur le long terme.

Voici quelques exemples d'une taxation de 100 € de dividendes/intérêts sur des titres étrangers :

Pays	Dividendes brut	Retenue à la source	Montant après retenue	Précompte belge (30%)	Dividende net reçu
Belgique	100 €	0%	100 €	30 €	70 €
France	100 €	12,8% ou 25%[1]	87,2/75 €	26,16/22,5 €	61,04/52,5 €
Allemagne	100 €	15%	85 €	27,5 €	59,5 €
Pays-Bas	100 €	15%	85 €	25,5 €	59,5 €
UK	100 €	0%	100 €	30 €	70 €
Etats-Unis	100 €	15%	85 €	25,5 €	59,5 €
Chine	100 €	10%	90 €	27 €	63 €
Australie	100 €	15%	85 €	25,5 €	59,5 €

Table 7 : les taxes sur les dividendes/intérêts de titres étrangers

[1] En *France : Le taux peut être 12,8 % si la procédure de convention est appliquée, sinon 25 %*

Il faut également souligner qu'obtenir le taux réduit prévu par les conventions fiscales signées entre la Belgique et d'autres pays n'est pas toujours une opération simple ni automatique. Dans de nombreux cas, la récupération partielle de la retenue à la source étrangère ou l'obtention d'un crédit d'impôt en Belgique nécessite des démarches administratives spécifiques, parfois complexes. Tout dépend du niveau de service proposé par votre courtier ou votre banque : certains prennent en charge ces formalités, d'autres vous laissent les gérer vous-même, et ce service peut être payant. Il est donc essentiel de bien vous informer avant d'investir dans des titres étrangers.

Par ailleurs, pour éviter une taxation trop lourde sur vos revenus mobiliers, pensez à bien déclarer l'ensemble des dividendes perçus, qu'ils proviennent d'actions belges ou étrangères. En Belgique, vous avez droit à une exonération fiscale annuelle sur la première tranche de 859 € de dividendes (montant en vigueur pour 2025). Cela signifie que si vous remplissez correctement votre déclaration, vous pouvez récupérer tout ou partie du précompte mobilier retenu sur vos revenus, ce qui constitue un allègement fiscal non négligeable. Cette démarche est simple, mais encore faut-il y penser et ne pas la négliger.

Exemple 3 : *Marie, 39 ans, ingénieure, détient un portefeuille d'actions belges. En 2024, elle perçoit 1 200 € de dividendes de sociétés cotées en Belgique. Ces dividendes subissent automatiquement un précompte mobilier de 30 %, soit 360 € de retenue. Toutefois, Marie peut récupérer une partie de cette taxe grâce à l'exemption annuelle de 859 €. Elle mentionne donc cette somme dans sa déclaration fiscale, ce qui lui permet de récupérer 30 % de 859 €, soit 257,70 €. Le solde de l'impôt payé reste donc de 102,30 € pour l'année.*

Exemple 4 : *Laurent, 19 ans, étudiant en médecine, a investi dans un ETF distribuant enregistré aux Pays-Bas. En 2024, il reçoit un dividende brut de 1 000 €. Une retenue à la source de 15 % est prélevée aux Pays-Bas (soit 150 €), ce qui laisse un montant net de 850 €. Ensuite, le précompte mobilier belge de 30 % est appliqué sur ces 850 €, soit 255 € supplémentaires. Laurent reçoit donc un dividende net final de 595 €. Il ne peut pas bénéficier de l'exemption de 859 € car les ETF ne donnent pas droit à cette exonération.*

Exemple 5 : *Céline, 47 ans, responsable de magasin alimentaire, détient des obligations d'État belges (OLO). Elle perçoit en 2024 un intérêt annuel de 3 000 € sur ses obligations. Comme il s'agit* *de titres exonérés de précompte mobilier, elle ne paie aucun impôt sur ces revenus. C'est un bon exemple de diversification fiscale, car ces produits permettent de générer des revenus nets de taxes, à condition qu'ils soient conservés jusqu'à maturité.*

Exemple 6 : *Marc, 63 ans, retraité, a des actions américaines qui lui rapportent 2 000 € de dividendes bruts en 2024. Grâce à la convention fiscale entre les États-Unis et la Belgique, la retenue à la source américaine est réduite à 15 %, soit 300 €, et il perçoit donc 1 700 € nets. Ensuite, la Belgique prélève 30 % sur ces 1 700 €, soit 510 € supplémentaires, ce qui lui laisse un dividende net de 1 190 €. Cependant, Marc peut faire valoir l'exemption de 859 € de dividendes dans sa déclaration d'impôts belge. Il récupérera donc 30 % de 859 €, soit 257,70 €. Son impôt total sur les dividendes américains passe ainsi de 510 € à 252,30 €, et il touche in fine 1 447,70 € de dividendes nets en 2025.*

Taxes sur les plus-value

La fiscalité belge sur les plus-values mobilières s'est longtemps distinguée par sa légèreté. En tant que particulier, lorsque vous investissiez dans des actions, des obligations, des ETF ou encore des cryptomonnaies à titre privé, les gains réalisés lors de la revente ne sont, en principe, pas soumis à l'impôt. Cette règle faisait de la Belgique un pays attractif en comparaison de ses voisins, où la taxation peut atteindre jusqu'à 30 %. Cette exonération constituait un véritable atout pour les investisseurs de long terme.

Cependant, il existe une exception importante qu'il convient de connaître : la taxe dite "Reynders". Celle-ci concerne les fonds ou ETF qui détiennent une proportion significative d'obligations ou d'autres actifs à revenu fixe. Si ce type de placement comporte au moins 10 % de titres obligataires dans sa composition, la plus-value générée par la partie obligataire sera soumise à un précompte mobilier de **30 %**. Ce prélèvement est automatiquement effectué par votre banque ou courtier belge lors du rachat ou de la revente de vos parts. Si, en revanche, vous investissez via un courtier étranger, c'est à vous qu'il revient de calculer et de déclarer cette taxe à l'administration fiscale belge.

En dehors de ce cas spécifique, les plus-values sur actions, ETF composés exclusivement d'actions, ou encore sur les titres individuels n'étaient pas taxées, à condition bien sûr que vous agissiez dans le cadre de la gestion normale de votre patrimoine privé. Cela signifie que, sauf comportement assimilé à de la spéculation professionnelle – ce qui reste rare dans le cas d'un particulier –, vos gains restaient entièrement exonérés d'impôt.

Cependant, ce cadre fiscal avantageux a été appelé à évoluer. Le gouvernement belge a annoncé son intention d'introduire, à partir de 2026, une “contribution de solidarité” de 10 % sur la plupart des plus-values mobilières. Ce projet vise à élargir l'assiette fiscale et s'inscrit dans une volonté de redistribution plus équitable. Seraient concernés : les plus-values issues de la vente d'actions, d'obligations, d'ETF, de parts de sociétés, voire de cryptomonnaies. Les contrats d'assurance-vie pourraient, pour un temps, être exclus du champ de cette nouvelle imposition, mais les discussions sont encore en cours.

D'après les informations disponibles à ce jour, cette taxe s'appliquerait dès le premier euro de plus-value, mais un abattement annuel de 10 000 € serait prévu pour les particuliers. Tant que le total de vos plus-values annuelles reste en dessous de ce seuil, vous n'auriez rien à payer. En revanche, au-delà de cette limite, la part excédentaire serait imposée à 10 %, ce qui pourrait peser sur le rendement net de vos investissements.

Pour les investisseurs détenant des participations importantes dans une entreprise – c'est-à-dire au moins 20 % du capital – un régime fiscal spécifique est prévu. Dans ce cas, le premier million d'euros de plus-value sera exonéré, puis des tranches de taxation croissante s'appliqueront, avec un taux maximum de 10 % pour les plus-values dépassant 10 millions d'euros. Ce traitement différencié vise à adapter la fiscalité en fonction de la taille de l'investissement et du profil de l'investisseur.

Un autre point fondamental concerne le calcul de la plus-value. Pour tous les titres acquis avant l'entrée en vigueur de la nouvelle taxe, la valeur de référence sera fixée au 1er janvier 2026. Concrètement, cela signifie que seuls les gains réalisés à partir de cette date seront soumis à l'imposition. La plus-value accumulée avant 2026 restera totalement exonérée, ce qui constitue une bonne nouvelle pour les investisseurs de long terme ayant déjà constitué un portefeuille.

En cas de pertes sur certains titres, celles-ci pourront être déduites uniquement des plus-values de la même année. En revanche, il ne sera pas possible de reporter ces pertes sur les années suivantes, ce qui limite la marge de manœuvre pour lisser la fiscalité dans le temps. Il s'agira donc de bien planifier vos opérations de vente, notamment en fin d'année, pour optimiser la gestion de vos gains et pertes.

La collecte de cette future taxe dépendra du lieu de domiciliation de votre compte-titres. Si vous investissez via un intermédiaire belge, la taxe sera probablement prélevée automatiquement à la source. En revanche, si vous utilisez un courtier étranger, il vous reviendra de déclarer vos plus-values à l'aide d'un formulaire spécifique fourni par l'administration fiscale. Une documentation rigoureuse de vos opérations sera donc indispensable.

Il est également important de comprendre que cette contribution ne s'appliquera qu'aux plus-values effectivement réalisées, c'est-à-dire uniquement lorsque vous vendez vos titres. Tant que vous conservez vos investissements en portefeuille, aucune taxation ne sera due sur les gains latents. Cela offre une certaine liberté dans la gestion de votre stratégie à long terme, et peut encourager la patience dans vos décisions d'arbitrage.

Exemple 7 : *Jean, 46 ans, a investi depuis des années sur le marché des actions et dispose d'un petit portefeuille de 100 000 €. En 2026, Jean réalise une plus-value de 15 000 €, puis une plus-value de 40 000 € en 2027, imaginons qu'il décide de vendre l'ensemble de ses investissements en 2028 pour encaisser ses gains.*

Selon la réforme annoncée, la taxe de 10 % sur les plus-values s'appliquera uniquement sur la partie des gains qui dépasse le seuil d'exonération annuel de 10 000 €. En 2026, Jean devra donc déclarer une plus-value nette de 15 000 € ; les 10 000 premiers € seront exonérés, mais les 5 000 € restants seront soumis à la taxe, ce qui représente un impôt de 500 € pour cette année. En 2027, il réalisera une plus-value nette de 40 000 € ; après application du seuil d'exonération, 30 000 € seront imposés à 10 %, soit une taxe de 3 000 € pour cette année-là. Enfin, en 2028, si Jean ne réalise aucune plus-value supplémentaire, il ne devra rien payer, car la taxation ne s'applique que sur les plus-values effectivement réalisées chaque année. Au total, sur ces deux années, Jean paiera donc 3 500 € de taxe sur ses gains, correspondant à la somme des contributions dues en 2026 et 2027.
Ce système encourage à planifier la vente de ses actifs pour optimiser l'utilisation du seuil d'exonération annuel et limiter la charge fiscale sur les plus-values.

Taxe sur le compte titre

En Belgique, la taxe sur les comptes-titres constitue un impôt annuel spécifique qui concerne les portefeuilles financiers d'une certaine envergure. Elle s'applique dès lors que la valeur moyenne de votre compte-titres dépasse un million d'euros sur une période de référence qui s'étend du 1er octobre d'une année au 30 septembre de l'année suivante.

Cette taxe est calculée sur l'ensemble du compte, indépendamment du nombre de co-titulaires ou de la part que chacun détient. Autrement dit, si un compte-titres affiche une valeur moyenne de 1,2 million d'euros, il sera soumis à la taxe, même s'il appartient à plusieurs personnes. À l'inverse, plusieurs comptes distincts, chacun inférieur au seuil de 1 million d'euros, ne seront pas concernés. Il s'agit donc d'une taxe qui s'applique « par compte » et non « par personne ».

Le champ d'application de cette mesure est large : elle concerne tous les instruments financiers présents sur le compte, qu'il s'agisse d'actions, d'obligations, de fonds d'investissement, de trackers, d'options ou même des liquidités non investies. De plus, cette obligation fiscale s'impose aux résidents belges, que leurs comptes soient détenus en Belgique ou à l'étranger. Ce point est essentiel à retenir si vous utilisez des plateformes internationales pour gérer vos placements.

Le taux de la taxe est actuellement fixé à **0,15 %** de la valeur moyenne du compte-titres sur la période de référence. Lorsque votre compte est domicilié en Belgique, c'est votre banque qui se charge du calcul et du prélèvement automatique de cette taxe. En revanche, si vous possédez un compte-titres à l'étranger, il vous incombe de le déclarer vous-même dans votre déclaration fiscale annuelle, et de procéder au paiement.

Ce prélèvement peut paraître marginal, mais sur des montants importants, son effet cumulé d'année en année mérite d'être intégré à votre stratégie patrimoniale. Il peut aussi influencer la manière dont vous structurez vos avoirs, notamment en ce qui concerne le choix du nombre de comptes et leur ventilation.

Exemple 8 : *Arnaud, 49 ans, consultant en informatique, possède un compte-titres d'une valeur moyenne de 999 500 € sur la période de référence.*
Bien qu'il s'agisse d'un montant élevé, il reste sous le seuil d'imposition, et aucune taxe ne sera prélevée.

Exemple 9 : *Éric, 64 ans, investisseur chevronné détient trois comptes-titres dans trois banques différentes : un compte de*

580 000 €, un autre de 360 000 € et un dernier de 200 000 €. Le total de ses comptes est donc de 1 140 000 €. Bien que chaque compte individuel soit inférieur à 1 million d'euros, le total global dépasse 1 million d'euros, ce qui signifie qu'aucune des banques ne prélèvera automatiquement la taxe sur les comptes-titres. Éric devra donc déclarer cette somme dans sa déclaration fiscale annuelle et s'acquitter de la taxe lui-même.

*La taxe est calculée à 0,15% sur la valeur totale des comptes-titres, soit 1 140 000 €. Le montant de la taxe sera donc de 1 140 000 € * 0,15%, ce qui représente 1 710 €. En résumé, Éric devra payer une taxe de 1 710 € sur la valeur totale de ses comptes-titres lors de sa déclaration fiscale annuelle.*

Taxe sur la spéculation

Pour être complet, il convient d'évoquer une taxe qui existe en Belgique, mais qui est rarement appliquée en pratique : la taxation des plus-values considérées comme « spéculatives ». Bien que cette disposition figure dans le code fiscal, elle ne concerne qu'un nombre très limité d'investisseurs particuliers.

En théorie, si l'administration fiscale considère qu'une plus-value provient d'une activité spéculative, elle peut la soumettre à l'impôt des personnes physiques au taux de 33 %, auquel peuvent s'ajouter les centimes communaux. Cette règle ne s'applique pas aux professionnels du secteur, mais bien aux particuliers dont les opérations sortiraient du cadre de ce que l'on appelle la gestion « normale » de leur patrimoine privé.

Ce qui rend cette taxe délicate, c'est que la notion de spéculation n'est pas précisément définie par la loi. L'administration fiscale examine donc chaque situation au cas par cas, en s'appuyant sur plusieurs critères. Une fréquence élevée d'achats et de ventes, une recherche manifeste de gains rapides, une prise de risque excessive ou encore le recours à des montages financiers complexes peuvent, ensemble ou séparément, éveiller l'attention du fisc.

Si ces éléments sont réunis, l'administration peut requalifier la plus-value comme spéculative, même si vous agissez en tant que particulier et en dehors de toute activité professionnelle. Cela dit, dans la pratique, cette taxation reste rare. Elle intervient surtout dans le cadre de contrôles fiscaux approfondis ou de litiges, lorsque le comportement de l'investisseur s'écarte nettement d'une gestion prudente et long terme.

Pour la grande majorité des épargnants particuliers, qui investissent avec une approche raisonnable, en diversifiant leurs placements et en adoptant une stratégie de long terme, cette taxe ne s'applique pas. Il n'en reste pas moins utile de connaître son existence, ne serait-ce que pour mieux comprendre les limites entre une gestion patrimoniale classique et une activité jugée spéculative par l'administration.

Fiscalité de l'épargne pension

En Belgique, l'épargne-pension sous forme de fonds constitue une manière efficace et populaire de préparer sa retraite tout en allégeant son imposition. Elle permet d'investir progressivement, souvent à partir de petites sommes, tout en profitant chaque année d'un avantage fiscal immédiat. Il s'agit d'un produit accessible à tous, que vous pouvez souscrire auprès de votre banque ou d'un gestionnaire spécialisé, et qui s'adapte à votre capacité d'épargne.

En 2025, vous avez le choix entre deux formules. La première vous permet de verser jusqu'à 1 050 € par an, en bénéficiant d'une réduction d'impôt de 30 %, soit un avantage fiscal maximal de 315 €. La seconde option vous autorise à verser jusqu'à 1 350 €, avec une réduction d'impôt ramenée à 25 %, ce qui représente un avantage fiscal plafonné à 337,50 €. Vous gagnez donc un peu plus en optant pour le plafond majoré, mais vous devez être prêt à immobiliser une somme légèrement supérieure.

Avant de choisir un fonds d'épargne-pension, prenez le temps de comparer les offres : les frais d'entrée, les frais de gestion, la qualité de la stratégie d'investissement et la performance historique peuvent varier sensiblement d'un établissement à l'autre. Un fonds qui affiche des frais réduits et une gestion solide pourra faire une réelle différence sur le montant final de votre capital au moment de la retraite.

D'un point de vue fiscal, ce placement est particulièrement avantageux, à condition de respecter quelques règles essentielles. Tout d'abord, les versements que vous effectuez chaque année ne donnent droit à une réduction d'impôt que si vous respectez les plafonds mentionnés et que vous maintenez le contrat pendant au moins dix ans. Ensuite, à partir de 60 ans, ou au dixième anniversaire du contrat si vous l'avez souscrit après vos 55 ans, une taxe unique de **8 %** est prélevée sur votre capital.

Ce prélèvement final est très encadré. Il n'est pas calculé sur la base du rendement réel de votre fonds, mais sur un capital fictif déterminé selon un taux annuel de 4,75 % (ou 6,25 % pour les versements effectués avant 1992). Autrement dit, même si votre fonds a mieux performé, la taxation reste limitée, ce qui en fait un régime fiscal très avantageux. Et bonne nouvelle : les versements que vous pourriez encore effectuer après 60 ans continuent à vous ouvrir le droit à une réduction d'impôt, tout en échappant à cette taxe finale.

Il faut toutefois rester vigilant. Si vous retirez votre épargne de manière anticipée, c'est-à-dire avant 60 ans ou avant l'échéance fiscale de votre contrat, la sanction est sévère : vous serez imposé à hauteur de 33 % sur le capital retiré. Ce taux élevé annule en grande partie les bénéfices obtenus grâce aux réductions d'impôt. C'est pourquoi il est essentiel d'envisager l'épargne-pension comme un placement de long terme, conçu pour compléter votre pension légale.

En respectant les conditions fixées par la loi, vous vous constituerez un capital retraite dans des conditions fiscales très favorables. Vous économisez de l'impôt chaque année tout en préparant l'avenir avec sérénité. C'est une stratégie doublement gagnante, à condition de rester patient, régulier et bien informé.

Fiscalité des opérations et comptes titres en France

En France, lorsque vous investissez en bourse, vous avez la possibilité de choisir entre différentes enveloppes fiscales, chacune offrant des avantages spécifiques en fonction de votre profil et de vos objectifs. Savoir les utiliser à bon escient vous permet non seulement de faire fructifier votre épargne, mais aussi d'optimiser votre fiscalité à long terme.

Le Plan d'Épargne en Actions (PEA) est l'une des solutions les plus prisées par les particuliers souhaitant investir en actions tout en limitant la pression fiscale. Il s'agit d'un compte-titres réglementé, réservé aux résidents fiscaux français, qui vous permet d'investir jusqu'à 150 000 euros dans des actions ou des fonds majoritairement investis dans des sociétés européennes. Son principal atout réside dans la fiscalité avantageuse après cinq ans de détention : à partir de cette échéance, vos plus-values et dividendes sont totalement exonérés d'impôt sur le revenu. Seuls les prélèvements sociaux, à hauteur de **17,2 %,** restent dus. Tant que vous ne retirez pas d'argent de votre plan, vous pouvez réinvestir vos gains sans aucune taxation, ce qui favorise une capitalisation efficace à long terme. Le PEA est donc une excellente option pour construire progressivement un portefeuille d'actions européennes, en profitant de la magie des intérêts composés sans être pénalisé par l'impôt chaque année.

Le compte-titres ordinaire (CTO) est l'enveloppe la plus flexible pour investir sur les marchés financiers. I n'y a ici aucun plafond de versement, et vous avez accès à un large éventail de produits financiers : actions du monde entier, obligations, ETF, produits dérivés, matières premières, etc. Cette liberté s'accompagne cependant d'une fiscalité moins clémente. Les plus-values et dividendes réalisés sur un CTO sont soumis au prélèvement forfaitaire unique (PFU), aussi appelé « flat tax », au taux global de **30 %**, comprenant 12,8 % d'impôt sur le revenu et 17,2 % de prélèvements sociaux. Il est possible, dans certains cas, d'opter pour une imposition au barème progressif de l'impôt sur le revenu, si celle-ci est plus avantageuse pour vous. Mais dans la majorité des situations, c'est bien le PFU qui s'applique. Le CTO reste une solution pertinente pour les investisseurs qui souhaitent diversifier leur portefeuille au-delà de l'Europe, ou qui recherchent une exposition à des marchés et produits plus spécifiques.

Le Plan d'Épargne Retraite (PER) est une enveloppe conçue pour préparer votre retraite tout en profitant d'un avantage fiscal immédiat. Les versements effectués sur un PER sont déductibles de votre revenu imposable, dans la limite d'un plafond annuel défini. Vous profitez ainsi d'un avantage fiscal dès l'année du versement. Les sommes épargnées sont investies dans différents supports (actions, obligations, fonds,..), en fonction de votre tolérance au risque et de votre horizon de placement. À la retraite, vous pourrez récupérer votre épargne sous forme de capital, de rente, ou même un mélange des deux. Sur le plan fiscal, la sortie en capital est partiellement imposable : les versements que vous aviez déduits sont soumis à l'impôt sur le revenu, tandis que les gains réalisés sont soumis aux prélèvements sociaux. Si vous optez pour une sortie en rente, c'est le régime d'imposition des pensions de retraite qui s'appliquera.

Chacune de ces enveloppes fiscales a ses propres avantages et ses contraintes. Le PEA vous encourage à investir sur les marchés européens avec une fiscalité très douce à partir de cinq ans. Le CTO, plus souple, vous ouvre la porte à tous les marchés, mais sans avantage fiscal. Le PER, quant à lui, est conçu pour ceux qui souhaitent allier investissement et optimisation fiscale en vue de la retraite. Le bon choix dépendra avant tout de vos priorités : souhaitez-vous maximiser vos rendements à court terme, sécuriser votre retraite, ou construire un portefeuille international ? Il est tout à fait possible d'utiliser plusieurs enveloppes complémentaires pour diversifier votre stratégie patrimoniale et bénéficier des avantages de chacune.

La Taxe sur les transactions financières (TTF)

En France, lorsque vous investissez en actions, il est important de connaître l'existence d'une fiscalité particulière appelée taxe sur les transactions financières, ou TTF. Cette taxe concerne uniquement certaines opérations boursières spécifiques et ne s'applique pas à tous les produits financiers. Elle est entrée en vigueur en 2012, mais son périmètre a évolué au fil des années.

Depuis le 1er avril 2025, la TTF s'élève à **0,4 %** du montant de l'achat. Elle s'applique uniquement lorsque vous achetez des actions de sociétés françaises cotées dont la capitalisation boursière dépasse un milliard d'euros. En d'autres termes, si vous décidez d'investir en direct dans des grands noms de la cote parisienne — comme LVMH, Sanofi, TotalEnergies ou BNP Paribas — cette taxe viendra s'ajouter à vos frais de courtage habituels. Elle est automatiquement prélevée par votre intermédiaire financier, que vous passiez vos ordres via un compte-titres classique ou un PEA.

Cependant, la TTF ne concerne que les achats au comptant sur le marché secondaire (endroit où s'échangent les titres déjà émis). Cela signifie qu'elle ne s'applique pas dans de nombreuses situations : vous n'y êtes pas soumis si vous achetez des actions lors d'une introduction en bourse (marché primaire), si vous investissez dans des produits dérivés ou si vous effectuez des achats et des reventes dans la même journée. De plus, les obligations, les actions de sociétés étrangères, les ETF, ainsi que les fonds d'investissement (OPCVM, SICAV) sont entièrement exonérés de cette taxe, quel que soit le support utilisé.

C'est un point clé à retenir : si vous investissez dans les grandes entreprises françaises via un fonds ou un ETF, vous ne payez pas cette taxe. Que vous placiez votre argent dans un PEA, une assurance-vie ou un PER, tant que vous passez par des supports collectifs, vous êtes hors du champ de la TTF. En revanche, si vous achetez des actions françaises concernées en direct, même dans un PEA, la taxe s'appliquera.

Chaque année, l'administration fiscale publie une liste officielle des sociétés concernées par la TTF. Il est donc judicieux, avant de passer un ordre d'achat, de vérifier si l'entreprise en question figure sur cette liste. Cela peut avoir un impact sur votre stratégie, notamment si vous effectuez des achats fréquents sur ces titres. Dans un portefeuille bien construit, cette taxe reste modeste, mais elle peut s'accumuler au fil du temps et peser sur le rendement net si elle n'est pas prise en compte.

En résumé, la taxe sur les transactions financières ne doit pas être un frein à l'investissement en actions françaises, mais elle mérite d'être connue pour optimiser vos décisions d'achat. En choisissant des ETF ou des fonds, vous pouvez accéder à ces mêmes entreprises tout en contournant la TTF. Cela fait partie des nombreux petits réglages fiscaux qui, mis bout à bout, peuvent faire une réelle différence dans la performance de votre épargne à long terme.

La fiscalité des intérêts et des dividendes

Lorsque vous percevez des revenus issus de vos placements financiers, tels que des dividendes d'actions ou des intérêts d'obligations, il est essentiel d'en comprendre la fiscalité. Ces revenus ne sont pas traités de la même manière selon l'enveloppe d'investissement que vous utilisez. Bien les connaître vous permet d'optimiser la rentabilité de vos placements et d'éviter de mauvaises surprises.

Dans le Plan d'Épargne en Actions (PEA), les dividendes que vous touchez sont exonérés d'impôt sur le revenu dès lors que votre plan a plus de cinq ans d'ancienneté. Vous n'aurez donc à payer que les prélèvements sociaux, actuellement fixés à **17,2 %.** En revanche, si vous effectuez un retrait avant la cinquième année, les gains seront imposés au prélèvement forfaitaire unique (PFU) de 30 %, qui se compose de 12,8 % d'impôt sur le revenu et de 17,2 % de prélèvements sociaux. Cette règle vise à encourager l'épargne de long terme et à récompenser la patience fiscale des investisseurs.

Dans un compte-titres ordinaire (CTO), tous les revenus, qu'il s'agisse de dividendes ou d'intérêts, sont soumis au PFU de **30 %** par défaut. Cependant, vous avez la possibilité d'opter pour l'imposition au barème progressif de l'impôt sur le revenu, auquel s'ajouteront les prélèvements sociaux. Cette option peut être intéressante si votre taux marginal d'imposition est faible. Dans ce cas, vous bénéficiez d'un abattement de 40 % sur les dividendes bruts avant calcul de l'impôt, ce qui réduit la base imposable. Toutefois, cette méthode demande plus de calculs et s'avère souvent moins avantageuse pour les foyers à revenus moyens ou élevés, qui préfèrent en général la simplicité et la prévisibilité du PFU. C'est aussi pourquoi la plupart des courtiers appliquent directement la taxation forfaitaire à la source, rendant la gestion plus fluide pour l'investisseur.

Si vous détenez des titres étrangers, d'autres règles s'appliquent. Comme en Belgique, la retenue à la source effectuée par le pays d'origine du titre vient s'ajouter à la fiscalité française. Par exemple, un dividende américain peut être amputé de 15 % à 30 % à la source, selon que vous bénéficiez ou non des conventions fiscales bilatérales en vigueur. Ces conventions visent à éviter la double imposition, mais les démarches pour en bénéficier peuvent varier selon le pays et la plateforme utilisée.

En France, vous êtes toujours redevable du PFU de 30 % sur le revenu net perçu. Mais à la différence de la Belgique, le système fiscal français permet de déduire partiellement la retenue à la source étrangère sous forme de crédit d'impôt. Cela réduit votre charge fiscale finale.

Prenons un exemple concret : vous percevez un dividende de 100 € d'une action luxembourgeoise. Une retenue à la source de 15 € est appliquée au Luxembourg. Vous déclarez en France 85 €, sur lesquels vous payez 30 % de PFU, soit 25,5 €. Mais vous pouvez déduire les 15 € déjà prélevés à la source grâce au crédit d'impôt. Votre imposition finale en France n'est donc que de 10,5 €, ce qui ramène votre taux global de taxation à 25,5 %, au lieu des 30 % initiaux.

En résumé, la fiscalité des revenus mobiliers dépend fortement du support utilisé (PEA ou CTO), mais aussi de l'origine géographique de vos placements. Bien choisir votre enveloppe, optimiser votre stratégie de détention et déclarer correctement vos revenus sont autant de leviers pour améliorer la performance nette de votre portefeuille.

Taxe sur les plus-value

Si vous détenez un Plan d'Épargne en Actions (PEA), les gains de plus-value sont totalement exonérés d'impôt sur le revenu, à condition de ne pas effectuer de retrait pendant au moins cinq ans. Passé ce délai, seuls les prélèvements sociaux, actuellement fixés à **17,2 %,** s'appliqueront sur l'ensemble des gains accumulés depuis l'ouverture du plan. Ce traitement fiscal avantageux fait du PEA un outil puissant pour investir en bourse sur le long terme, notamment dans les actions européennes.

En revanche, si vous effectuez un retrait avant les cinq ans, les gains sont imposés au prélèvement forfaitaire unique (PFU) de **30 %**, ce qui inclut à la fois l'impôt sur le revenu et les prélèvements sociaux. Ce retrait anticipé entraîne également la clôture automatique du plan, sauf dans certains cas exceptionnels prévus par la loi, comme un licenciement, une invalidité ou une mise à la retraite anticipée.

Du côté du compte-titres ordinaire (CTO), la fiscalité est plus immédiate et moins avantageuse. Toutes les plus-values que vous réalisez lors de la vente de titres sont, par défaut, soumises au PFU de **30 %**. Comme pour les dividendes, vous avez la possibilité d'opter pour le barème progressif de l'impôt sur le revenu, une alternative qui peut s'avérer intéressante si votre taux d'imposition est faible.

En cas de moins-value, c'est-à-dire si vous vendez un titre à perte, vous pouvez imputer cette perte sur vos plus-values de l'année ou la reporter sur les dix années suivantes. Cela permet d'amortir fiscalement vos pertes et d'optimiser la performance nette de votre portefeuille sur le long terme.

En résumé, le choix entre un PEA et un CTO dépend de plusieurs facteurs : votre horizon d'investissement, votre tolérance au risque, mais aussi vos objectifs fiscaux. Le PEA est à privilégier si vous souhaitez construire une épargne en actions sur plusieurs années avec un cadre fiscal avantageux. Le CTO, quant à lui, offre une plus grande liberté d'investissement, notamment hors Europe, mais sans les bénéfices fiscaux associés au PEA.

Exemple 10 : *Caroline, 45 ans, cadre dans une entreprise de marketing, possède un PEA qu'elle a ouvert il y a 6 ans. En 2024, elle reçoit 3 000 € de dividendes bruts d'actions européennes. Comme le PEA permet l'exonération d'impôt sur le revenu après 5 ans, Caroline ne paie pas d'impôt sur ces dividendes. Cependant, les prélèvements sociaux s'appliquent à un taux de 17,2 %. Ainsi, les prélèvements sociaux sur les 3 000 € de dividendes s'élèvent à 516 € (3 000 € × 17,2 %). Caroline recevra donc un dividende net de 2 484 € après déduction des prélèvements sociaux.*

En plus des dividendes, Caroline a vendu certaines actions qu'elle détenait dans son PEA. Elle réalise une plus-value de 5 000 € sur la vente de ces actions. Comme le PEA a plus de 5 ans, cette plus-value est totalement exonérée d'impôt sur le revenu. Cependant, elle sera soumise aux prélèvements sociaux de 17,2 %, soit 860 €. Caroline recevra donc une plus-value nette de 4 140 €.

Exemple 11 : *Pierre, 50 ans, ingénieur chimiste, a ouvert un compte-titres ordinaire dans lequel il détient des actions françaises et étrangères. En 2024, il touche 4 000 € de dividendes bruts, dont 1 500 € proviennent d'actions américaines et 2 500 € d'actions françaises. Les dividendes français sont soumis au prélèvement forfaitaire unique (PFU) de 30 %, soit 750 € d'impôt. Concernant les dividendes américains, une retenue à la source de 15 % est appliquée par les États-Unis, soit 225 € sur les 1 500 € de dividendes. Pierre recevra donc 1 275 € nets d'impôt de la part des États-Unis.*

En France, il devra encore payer 30 % de PFU sur les 1 275 €, soit 382,50 €. Cependant, comme les dividendes ont déjà été soumis à une retenue à la source de 15 % aux États-Unis, Pierre pourra bénéficier d'un crédit d'impôt de 225 €, ce qui réduit son impôt à payer en France. Ainsi, Pierre paiera seulement 30 % de PFU sur les 1 275 € après application du crédit d'impôt, soit 382,50 € - 225 € = 157,50 €.

En tout, Pierre paiera 750 € sur les dividendes français, plus 157,50 € sur les dividendes américains, soit un total de 907,50 € de taxes. Il percevra un total de 2 092,50 € de dividendes nets (2 500 € - 750 € pour les dividendes français, et 1 275 € - 225 € pour les dividendes américains, moins 157,50 € de taxes supplémentaires). En 2024, Pierre a également vendu des actions françaises dans son CTO. Il a réalisé une plus-value de 8 000 € sur la vente de ces actions. La plus-value est soumise au prélèvement forfaitaire unique (PFU) de 30 %, soit un impôt de 2 400 €. Pierre recevra donc une plus-value nette de 5 600 € (8 000 € - 2 400 €).

Fiscalité du PER

Le Plan d'Épargne Retraite (PER) est un outil particulièrement intéressant pour préparer votre retraite tout en allégeant, dès aujourd'hui, votre charge fiscale. Il repose sur un principe simple : vous versez de l'argent pendant votre vie active et vous êtes récompensé fiscalement pour cette discipline.

L'un de ses atouts majeurs réside dans l'avantage fiscal à l'entrée. Chaque versement volontaire que vous effectuez sur votre PER est déductible de votre revenu imposable, ce qui réduit directement le montant de vos impôts à payer. Pour 2025, cette déduction est possible jusqu'à 10 % de vos revenus professionnels nets, avec un plafond maximal fixé à 37 094 €. Si vos revenus sont modestes, un plancher alternatif de 4 637 € peut s'appliquer, ce qui rend le dispositif accessible à tous, y compris aux indépendants et aux salariés débutants. Cet avantage s'applique à chaque membre du foyer fiscal, ce qui permet, par exemple, à un couple de maximiser sa déduction. Et si vous ne consommez pas tout votre plafond une année donnée, vous pouvez le reporter sur les trois années suivantes, ce qui vous donne une grande souplesse de gestion.

Vous avez également la liberté de ne pas déduire vos versements si vous le souhaitez. Dans ce cas, vous ne bénéficiez pas d'allégement fiscal à l'entrée, mais vous profitez d'une fiscalité plus douce à la sortie. Ce choix peut s'avérer judicieux si vous anticipez une hausse importante de vos revenus au moment de la retraite ou si vous êtes faiblement imposé aujourd'hui.

La fiscalité à la sortie dépend de deux éléments : le mode de sortie que vous choisissez (capital ou rente) et la manière dont vous avez traité vos versements à l'entrée (déduits ou non).

Si vous avez déduit vos versements, alors lors de la sortie :

- Si vous choisissez une sortie en capital, la part correspondant à vos versements sera imposée au barème progressif de l'impôt sur le revenu, tandis que les gains (intérêts, plus-values) seront soumis au prélèvement forfaitaire unique (PFU) de **30 %.**
- Si vous optez pour une rente viagère, elle sera traitée comme

une pension de retraite : imposable après un abattement de 10 %, avec en plus les prélèvements sociaux.

En revanche, si vous n'avez pas déduit vos versements à l'entrée, la fiscalité est bien plus légère : la part du capital correspondant à vos versements est exonérée d'impôt sur le revenu et de prélèvements sociaux. Seuls les gains produits par le contrat seront taxés, et ce au taux forfaitaire de 30 %.

Ce dispositif offre donc une souplesse fiscale remarquable, à condition d'être bien informé et de faire les bons arbitrages entre avantage immédiat et fiscalité future. Selon votre niveau d'imposition actuel, vos perspectives de revenus à la retraite et votre stratégie patrimoniale globale, le PER peut devenir un véritable levier d'optimisation.

Conclusion

Maîtriser la fiscalité de vos investissements n'est pas un luxe réservé aux experts : comme pour les frais, c'est un levier fondamental pour améliorer durablement la rentabilité de votre patrimoine. Comme vous avez pu le constater tout au long de ce chapitre, les règles fiscales en matière de placements varient fortement d'un produit à l'autre, et parfois même d'un pays à l'autre. En Belgique comme en France, certains dispositifs peuvent considérablement alléger la note fiscale... à condition de bien les comprendre et de les utiliser à bon escient.

Si vous êtes résident belge, il est essentiel de garder un œil attentif sur les TOB, précomptes mobiliers, et futures contributions sur les plus-values. En France, les enveloppes comme le PEA, le PER ou encore le compte-titres offrent chacune leurs avantages et leurs contraintes : bien les combiner vous permettra d'optimiser à la fois vos impôts d'aujourd'hui et vos revenus de demain.

Au-delà des chiffres, il est important de retenir une chose : la fiscalité est une variable que vous pouvez piloter. Ce n'est pas une fatalité figée, mais un cadre que vous pouvez contourner légalement grâce à une stratégie intelligente, équilibrée et adaptée à votre profil. Cela suppose parfois de faire des choix entre flexibilité et avantage fiscal, entre rendement brut et rendement net.

La connaissance des règles fiscales vous donne un temps d'avance, vous aide à éviter les pièges coûteux et vous permet d'allouer vos ressources avec plus de cohérence. C'est une compétence précieuse qui vous aidera à devenir un investisseur plus avisé, plus serein et plus efficace. Enfin, souvenez-vous que la fiscalité évolue rapidement. Ce qui est valable aujourd'hui pourrait être différent demain. Gardez donc une veille active sur les évolutions législatives, et n'hésitez pas à vous faire accompagner par un conseiller fiscal ou un professionnel de l'investissement, surtout lorsque les montants en jeu deviennent significatifs.

Dans les chapitres suivants, nous continuerons à explorer des stratégies concrètes pour faire fructifier votre épargne et construire un patrimoine solide, diversifié et résilient, en intégrant la fiscalité comme un allié plutôt qu'un obstacle.

Chapitre 10 :
Les assurances comme produit d'épargne

Lorsqu'on évoque l'épargne ou la constitution d'un patrimoine, les premiers réflexes vous orientent souvent vers les comptes bancaires, l'immobilier ou les investissements en bourse. Pourtant, un autre acteur, plus discret mais tout aussi stratégique, mérite toute votre attention : l'assurance. Bien plus qu'un simple outil de protection, l'assurance peut devenir un levier puissant d'épargne, de valorisation du capital et même de transmission patrimoniale.

Au fil des années, l'assurance a su évoluer pour répondre aux attentes d'un public varié. En France comme en Belgique, les produits d'assurance-épargne séduisent aussi bien les profils prudents, attachés à la sécurité de leur capital, que les investisseurs en quête de performance ou d'optimisation fiscale. Ce succès repose sur une offre riche et adaptable, qui permet de conjuguer stabilité, rentabilité et flexibilité.

Qu'il s'agisse de préparer votre retraite, de financer un projet à moyen terme ou de transmettre un capital dans les meilleures conditions, l'assurance-épargne propose des solutions concrètes. Certains contrats garantissent le capital investi, d'autres permettent d'accéder aux marchés financiers, et plusieurs combinent même les deux logiques dans une formule hybride. Au-delà du simple produit, l'assurance devient alors un véritable outil de stratégie financière.

Ce chapitre vous accompagnera pas à pas pour mieux comprendre l'univers de l'assurance-épargne, ses avantages, ses limites, et les bonnes pratiques pour l'intégrer intelligemment dans votre gestion patrimoniale. Que vous viviez en France ou en Belgique, vous découvrirez les principales familles de contrats, les différences de fonctionnement et de fiscalité entre les deux pays, et les critères essentiels à prendre en compte avant de faire votre choix.

Des exemples concrets et des comparatifs viendront illustrer les différences majeures entre les deux pays.

Pourquoi choisir les assurances pour faire fructifier votre épargne

L'assurance-épargne se distingue par sa grande souplesse de fonctionnement. Selon les contrats, vous pouvez choisir le rythme et le montant de vos versements, adapter la gestion de votre épargne à votre profil de risque, ou encore désigner librement les bénéficiaires en cas de décès. Cette flexibilité vous permet de répondre à des objectifs variés : financer un projet à moyen terme, préparer votre retraite, protéger vos proches ou organiser la transmission de votre patrimoine.

Un autre atout majeur réside dans les avantages fiscaux et successoraux liés à ces produits. En France, l'assurance-vie bénéficie d'une fiscalité avantageuse sur les gains, ainsi que d'un régime successoral spécifique permettant de transmettre un capital dans des conditions particulièrement favorables. En Belgique, certains produits offrent également des réductions d'impôts intéressantes, notamment dans le cadre de l'épargne-pension ou de l'épargne à long terme. Ces dispositifs peuvent considérablement améliorer le rendement net de votre épargne.

Cependant, la diversité des contrats disponibles et la complexité des règles fiscales nécessitent une attention particulière. Chaque pays, chaque produit, chaque situation individuelle a ses propres spécificités. Il est donc essentiel de comprendre les mécanismes en jeu, d'analyser les frais, la disponibilité des fonds, le niveau de risque et les implications fiscales avant de s'engager.

Contrairement à une idée reçue, l'assurance-épargne ne se limite pas à l'assurance-vie en France ou à la branche 21 en Belgique. Elle englobe une large gamme de solutions, allant des contrats à capital garanti aux supports en unités de compte, en passant par les plans d'épargne retraite, les contrats de capitalisation ou encore les produits mixtes. Chacun de ces instruments répond à des objectifs particuliers et présente des caractéristiques propres en matière de rendement, de disponibilité et de transmission.

Enfin, il faut garder à l'esprit que l'assurance-épargne s'inscrit dans une logique de long terme. Elle permet de lisser les aléas économiques, de bénéficier de l'effet de capitalisation, et de sécuriser progressivement votre avenir. Bien comprise et bien utilisée, elle peut devenir un levier puissant pour sécuriser, valoriser et transmettre votre patrimoine, tout en offrant une flexibilité et une sécurité difficilement égalées par d'autres formes de placement.

Les produits d'assurance-épargne en Belgique

En Belgique, l'assurance-épargne repose principalement sur deux grandes familles de contrats : la branche 21 et la branche 23. À cela s'ajoute une solution hybride, la branche 44, qui combine les avantages des deux premières.

La branche 21 correspond à une assurance-vie à capital garanti. Chaque euro investi bénéficie d'un taux d'intérêt fixe, garanti par la compagnie d'assurance. Ce taux peut être renforcé par une participation bénéficiaire, versée en fonction des résultats financiers de l'assureur. Ce type de contrat convient particulièrement aux personnes à la recherche de sécurité et de prévisibilité, que ce soit pour constituer une épargne sur le moyen ou le long terme, ou pour compléter leur future pension. Le capital est protégé et le rendement, bien que modeste, est stable et connu à l'avance.

La branche 23, à l'inverse, s'adresse aux épargnants prêts à accepter une certaine dose de risque pour obtenir un rendement potentiellement supérieur. Dans ce cas, votre capital est investi dans des fonds d'investissement (actions, obligations, immobilier, etc.), sans aucune garantie de rendement ni de capital. Les performances dépendent des marchés financiers, ce qui peut offrir de belles perspectives à long terme, mais implique aussi une certaine volatilité.

Pour ceux qui souhaitent équilibrer performance et sécurité, il existe une solution intermédiaire : les contrats dits de **branche 44**. Ils vous permettent de répartir votre épargne entre la branche 21 (pour la partie sécurisée) et la branche 23 (pour la partie investie). Cette formule flexible vous donne la possibilité de moduler à tout moment la part de votre épargne exposée aux marchés, en fonction de votre situation, de votre âge ou de l'évolution économique.

Ces différents types de contrats peuvent être utilisés dans deux cadres fiscaux bien distincts :

1. **l'épargne-pension**, qui permet de constituer un complément de retraite avec un avantage fiscal immédiat ;
2. **l'épargne à long terme**, qui favorise la constitution d'un capital tout en bénéficiant d'une réduction d'impôt sous conditions.

La principale différence entre ces deux dispositifs réside dans le plafond des versements autorisés et dans leur traitement fiscal (que nous détaillerons plus loin). Dans les deux cas, l'assurance-épargne constitue un outil puissant pour bâtir votre avenir, tout en optimisant la fiscalité de vos efforts d'épargne.

Comment fonctionnent les assurances-épargne

Le fonctionnement d'un contrat d'assurance-épargne dépend de la branche à laquelle il appartient, mais plusieurs principes communs permettent de mieux comprendre leur mécanisme.

Lorsque vous souscrivez une assurance-épargne de **branche 21**, vous pouvez choisir entre un versement unique ou des versements réguliers, selon vos possibilités et vos objectifs. Le contrat peut avoir une durée déterminée ou indéterminée, en fonction de ce que vous souhaitez.

Chaque prime versée bénéficie d'un taux d'intérêt fixe, connu à l'avance, qui vous est garanti par l'assureur. Ce taux constitue la base du rendement. S'il est modeste, il est aussi totalement sécurisé, ce qui en fait une solution particulièrement rassurante.

En complément, une participation bénéficiaire peut être ajoutée, selon les résultats annuels de la compagnie d'assurance. Cette bonification varie d'une année à l'autre, mais, une fois versée, elle ne peut plus être retirée. Elle vient donc s'ajouter définitivement à votre capital. Autre avantage : les intérêts générés sont capitalisés. Autrement dit, ils produisent à leur tour des intérêts, créant un effet boule de neige sur la durée du contrat.

À l'échéance, vous percevez votre capital et tous les intérêts, sous déduction des frais et taxes éventuels .

En optant pour la **branche 23**, vous choisissez une solution plus dynamique, avec un potentiel de rendement supérieur. Votre épargne est investie dans des fonds composés d'actions, d'obligations ou d'immobilier, selon la stratégie choisie.

Ces fonds sont classés selon leur niveau de risque :

- Profil défensif : 70 % d'obligations, 30 % d'actions
- Profil neutre : 50 % obligations, 50 % actions
- Profil dynamique : 30 % obligations, 70 % actions

Ce type de contrat ne garantit ni le capital ni le rendement. La valeur de votre épargne évolue à la hausse ou à la baisse selon les marchés financiers. Il est donc essentiel d'investir avec un horizon de long terme et une tolérance au risque adaptée à votre profil.

Si vous souhaitez limiter le risque tout en profitant d'une performance potentielle, les contrats de **branche 44** offrent un compromis intéressant. Vous répartissez librement votre épargne entre la branche 21 (sécurité) et la branche 23 (performance), et vous pouvez ajuster cette répartition au fil du temps, sans pénalités. Cela vous permet de sécuriser progressivement votre capital à mesure que vous vous rapprochez de votre objectif (retraite, achat immobilier, etc.).

En 2025, le taux garanti peut être porté à 2,5 % maximum, mais chaque assureur reste libre de proposer un taux inférieur selon sa politique commerciale. Ce taux garanti constitue la base de votre rendement, auquel peut parfois s'ajouter une participation aux bénéfices. La participation aux bénéfices est un complément éventuel au taux d'intérêt garanti. Elle dépend des résultats

Le niveau de risque est généralement indiqué par une classe allant de 1 (très faible risque) à 7 (risque très élevé), ce qui vous permet d'adapter votre choix à votre profil d'investisseur. Enfin, la question de la protection en cas de faillite de l'assureur est cruciale. Le Fonds de Garantie protège vos avoirs jusqu'à 100 000 € par compagnie d'assurance pour les produits de la branche 21, mais cette protection ne s'applique pas à la branche 23.

La transmission du capital est également un aspect important à anticiper. En Belgique, les sommes versées aux bénéficiaires d'un contrat d'assurance-vie sont soumises aux droits de succession. Ces droits varient selon plusieurs facteurs : le lien de parenté entre vous et le bénéficiaire, la région dans laquelle vous êtes domicilié et le montant transmis. Pour limiter cette imposition, il est important de rédiger avec soin la clause bénéficiaire de votre contrat, et de vous faire accompagner si nécessaire par un notaire ou un conseiller spécialisé.

Comment bien choisir son contrat d'assurance-épargne

Le choix d'un contrat d'assurance-épargne ne se fait pas à la légère. Pour sélectionner une formule adaptée à votre situation, plusieurs critères essentiels doivent être pris en compte, à commencer par votre profil de risque. Si vous êtes à la recherche de sécurité avant tout, les produits de la branche 21 sont faits pour vous : ils garantissent votre capital tout en offrant un rendement modéré. C'est une solution idéale si vous souhaitez éviter les fluctuations des marchés financiers.

En revanche, si vous acceptez une part de risque pour viser un rendement plus élevé, vous pouvez vous orienter vers la branche 23. Dans ce cas, votre épargne est investie dans des fonds de placement plus ou moins volatils (actions, obligations, immobilier). Plus votre tolérance au risque est élevée, plus vous pouvez opter pour une répartition orientée vers les actions, en contrepartie d'une volatilité plus marquée.

Vous hésitez entre sécurité et performance ? Les contrats mixtes, dits « branche 44 », combinent les deux approches. Ils permettent de sécuriser une partie de votre capital tout en dynamisant l'autre. Ce type de contrat est particulièrement pertinent si vous souhaitez ajuster l'équilibre entre prudence et rendement en fonction de votre âge, de vos objectifs ou de l'évolution des marchés.

L'horizon de placement est un autre paramètre fondamental. Plus vous êtes jeune, plus vous pouvez vous permettre d'investir sur des supports risqués, car vous disposez de temps pour compenser d'éventuelles baisses passagères. À l'inverse, si vous vous approchez de la retraite ou d'un projet important, il est judicieux de sécuriser progressivement votre épargne en vous tournant vers des solutions plus stables, comme la branche 21 ou des fonds défensifs.

Vos objectifs personnels doivent également guider votre choix. Préparer votre retraite, transmettre un capital à vos proches, obtenir un avantage fiscal ou simplement constituer une épargne disponible :
chaque objectif appelle une stratégie spécifique. Par exemple, si vous souhaitez bénéficier d'avantages fiscaux tout en préparant votre retraite, les produits d'épargne-pension ou d'épargne à long terme peuvent s'avérer très efficaces, à condition de respecter les plafonds et les durées minimales de détention.

Un autre point à ne pas négliger : les frais. Frais d'entrée, de gestion, voire de sortie, peuvent fortement impacter le rendement net de votre contrat. Certains contrats affichent des frais d'entrée réduits, voire inexistants, ce qui peut faire une réelle différence sur le long terme. Il est donc vivement recommandé de comparer les différentes offres disponibles sur le marché, d'utiliser des outils de simulation, et de demander des projections personnalisées pour mieux anticiper l'évolution de votre capital.

La transparence des supports d'investissement et la clarté des informations fournies par l'assureur sont également des critères déterminants. Préférez les contrats qui indiquent précisément la composition des fonds, les performances passées (sans oublier qu'elles ne préjugent pas de l'avenir) et qui vous offrent une véritable souplesse de gestion : versements libres, arbitrages faciles, possibilité de modifier la répartition, etc.

Un dernier mot sur la fiscalité : elle constitue un levier important dans le choix de votre contrat, mais reste sujette à évolution. Les règles que vous découvrirez dans ce chapitre sont celles en vigueur à la date de la première parution de ce livre, en novembre 2025. Il est donc toujours préférable de vous tenir informé des dernières dispositions ou de consulter un professionnel avant toute décision d'investissement.

Fiscalité et avantages successoraux

La fiscalité liée à l'assurance-épargne dépend du type de contrat souscrit : il peut s'agir d'une épargne-pension ou d'une assurance épargne à long terme. Ces deux dispositifs offrent des avantages fiscaux, mais leur fonctionnement diffère sensiblement.

Commençons par **l'épargne-pension**, accessible via les produits des branches 21, 23 ou 44. Elle se distingue par une absence totale de taxe sur les primes versées, ce qui en fait un véhicule fiscalement attractif. En contrepartie, vous bénéficiez d'une réduction d'impôt de 30 % sur les versements annuels, à condition de ne pas dépasser un certain plafond. Pour l'année de revenus 2025, cette réduction maximale s'applique jusqu'à 1 050 € de versement annuel. Si vous choisissez de cotiser davantage, jusqu'à 1 350 €, le taux de réduction d'impôt est alors abaissé à 25 %. Il est donc souvent plus judicieux de rester en dessous de 1 050 € pour optimiser l'avantage fiscal.

Une taxation finale forfaitaire de **8 %** s'applique à l'âge de 60 ans, à condition que vous ayez souscrit le contrat avant vos 55 ans. Si le contrat a été souscrit après 55 ans, cette taxation intervient dix ans après la souscription. Passé ce prélèvement unique, vous pouvez continuer à effectuer des retraits sans impôt supplémentaire jusqu'à vos 65 ans.

L'assurance épargne à long terme, elle aussi disponible sous les branches 21, 23 ou 44, fonctionne un peu différemment. Ici, chaque prime versée est soumise à une taxe de **2 %** dès le départ. En contrepartie, vous bénéficiez également d'une réduction d'impôt de 30 % sur les montants investis, dans la limite d'un plafond fixé à 2 530 € pour l'année 2025.

Toutefois, attention : cette réduction ne peut pas être cumulée avec celle liée au remboursement d'un crédit hypothécaire dans le cadre de la même enveloppe fiscale. En d'autres termes, si vous bénéficiez déjà d'un avantage fiscal pour votre crédit immobilier, il ne sera pas possible de l'ajouter à celui de votre contrat d'assurance à long terme.

Concernant l'imposition en sortie, si le contrat a été ouvert avant 55 ans, une taxe finale de **10 %** est appliquée à 60 ans sur le capital constitué (primes et intérêts). Si la souscription a eu lieu après 55 ans, cette taxation de 10 % intervient au dixième anniversaire du contrat. Dans les deux cas, les retraits réalisés entre 60 et 65 ans sont ensuite totalement exonérés d'impôt, à condition que le contrat ait duré au moins dix ans, ce qui renforce l'intérêt de la planification à long terme.

La table ci-dessous résume les différences entre épargne-pension et épargne à long terme en Belgique :

	Epargne -pension	Epargne à long terme
Produit	Fonds d'épargne pension, assurance épargne pension (branche 21, 23, 44)	Assurance- vie (branche 21, 23, 44)
Avantage fiscal	30% (ou 25%) de la prime	30% de la prime
Prime maximum (par an) en 2025	1050 €	2530 €
Taxe sur les primes	Néant	2%
Age maximum versements	64 ans	Voir contrat
Impôt final	8% à 60 ans	10% à 60 ans

Table 8 : taxation des assurances en Belgique

En cas de décès, les contrats d'assurance-vie souscrits dans le cadre de l'épargne-pension ou de l'épargne à long terme sont considérés, aux yeux de la loi belge, comme des assurances-vie classiques. Ils entrent donc dans le champ des droits de succession. Le montant de ces droits varie en fonction de plusieurs critères : la région de résidence (Flandre, Wallonie ou Bruxelles), le lien de parenté entre le défunt et le bénéficiaire, ainsi que le montant transmis. En ligne directe, les taux appliqués vont généralement de 3 % à 9 % pour les premières tranches. En revanche, lorsque le bénéficiaire n'appartient pas à la famille proche, les droits peuvent grimper rapidement, rendant la transmission nettement plus coûteuse.

Le paiement des droits de succession intervient en principe au moment du décès de l'assuré, bien qu'il puisse parfois être reporté à la date de versement effectif du capital au bénéficiaire. Il est donc essentiel de réfléchir à la rédaction de la clause bénéficiaire et d'anticiper les conséquences fiscales d'une transmission, en particulier si vous souhaitez avantager certains héritiers ou optimiser l'impact financier sur le patrimoine familial.

Enfin, un conseil important pour ceux qui disposent déjà d'un contrat d'assurance-épargne bénéficiant d'un avantage fiscal : si vous êtes déçu par les performances de votre contrat, mieux vaut en général suspendre vos versements plutôt que de résilier purement et simplement. Cette approche vous permet d'éviter à la fois les frais de sortie et la perte des bénéfices fiscaux acquis. Vous pouvez ensuite ouvrir un nouveau contrat auprès d'un autre assureur, avec des conditions plus favorables ou un meilleur potentiel de rendement. Cela dit, cette option doit être examinée avec précaution. Par exemple, si vous avez souscrit votre contrat actuel avant 55 ans et que vous avez dépassé cet âge, continuer à l'alimenter peut s'avérer plus judicieux, car la fiscalité applicable à 60 ans restera plus avantageuse que pour un nouveau contrat. Comme toujours, l'accompagnement d'un conseiller qualifié vous permettra d'adopter la stratégie la plus adaptée à votre situation et à vos objectifs.

Retraits anticipés

En Belgique, il est tout à fait possible de retirer des fonds de votre contrat d'assurance-épargne, qu'il s'agisse d'une épargne-pension ou d'une épargne à long terme. Toutefois, ces produits sont conçus pour s'inscrire dans une logique de long terme : ils donnent leur pleine mesure lorsqu'ils sont conservés jusqu'à la retraite ou jusqu'à l'échéance contractuelle.

La plupart des compagnies d'assurance autorisent des rachats, qu'ils soient partiels ou totaux. Cependant, avant d'envisager un retrait, il est essentiel de bien prendre connaissance des conditions précises de votre contrat : certains prélèvent des frais de sortie qui peuvent varier en fonction de la durée de détention, et d'autres imposent des règles spécifiques pour accéder à tout ou partie du capital.

En cas de retrait anticipé, c'est-à-dire avant l'âge de 60 ans ou avant la durée minimale de dix ans, vous vous exposez à une fiscalité particulièrement pénalisante. Le capital retiré est alors taxé à un taux forfaitaire de 33 %, auquel peuvent s'ajouter des taxes communales. Cette taxation dissuasive a pour but d'encourager la discipline de l'épargne et de préserver l'objectif initial de ces contrats : constituer un capital pour plus tard.

En revanche, si vous attendez l'âge de 60 ans — ou le dixième anniversaire du contrat si celui-ci a été souscrit après vos 55 ans — vous bénéficiez d'un traitement fiscal bien plus avantageux. Une taxe unique de 8 % (pour l'épargne-pension) ou de 10 % (pour l'épargne à long terme) est alors appliquée sur le capital constitué, après quoi les retraits ultérieurs sont totalement exonérés d'impôt.

C'est pourquoi il est fortement recommandé de patienter jusqu'à cette échéance fiscale avant de retirer votre épargne. Vous éviterez ainsi les pénalités fiscales, préserverez l'intégralité des avantages acquis, et renforcerez l'efficacité de votre stratégie patrimoniale à long terme.

Exemple 3 : *Claire, 35 ans, employée dans une administration communale belge, souhaite sécuriser une partie de son épargne tout en préparant sa retraite. Après avoir pris conseil auprès d'un courtier indépendant, elle opte pour un contrat d'assurance de la branche 21. Elle y verse une prime unique de 5 000 €, attirée par la sécurité offerte par ce type de produit : son capital est garanti, et elle bénéficie d'un taux d'intérêt fixe de 1,2 %.*
Chaque année, si la compagnie d'assurance réalise des bénéfices, elle peut également recevoir une participation bénéficiaire en complément du rendement garanti. Claire apprécie particulièrement de savoir que ses avoirs sont couverts à hauteur de 100 000 € par le Fonds de garantie, ce qui la rassure en cas de faillite de l'assureur. Pour elle, cette solution représente un moyen simple et fiable de faire fructifier son épargne sans prendre de risques inutiles.

Exemple 4 : *David, 42 ans, ingénieur, s'intéresse à des solutions permettant de faire fructifier son épargne tout en réduisant sa facture fiscale. Il choisit de souscrire une assurance épargne-pension de branche 23, dans laquelle il investit chaque année 990 €. Son contrat est investi dans un fonds diversifié, composé d'actions et d'obligations, ce qui lui offre un potentiel de rendement supérieur à celui des produits d'épargne classiques, même si le capital n'est pas garanti.*

David est conscient que la valeur de son contrat évoluera selon les performances des marchés financiers, mais il accepte cette volatilité dans la mesure où son horizon de placement est long. Ce qui l'encourage à maintenir son effort d'épargne, c'est aussi la réduction d'impôt de 30 % à laquelle il a droit chaque année sur ses versements. Pour David, ce contrat représente un bon compromis entre rentabilité, fiscalité avantageuse et perspective de constitution d'un capital pour la retraite.

Les produits d'assurance-épargne en France

En France, le produit d'assurance-épargne le plus populaire est l'assurance-vie. Ce contrat se décline sous deux grandes formes :

- **Le contrat monosupport**, où votre épargne est investie à 100 % sur un fonds en euros. Ce support garantit le capital investi tout en proposant un rendement modéré, mais sûr. Les contrats strictement monosupports sont de moins en moins commercialisés, car ils sont moins rentables pour les compagnies.
- **Le contrat multisupport**, qui vous permet de répartir votre capital entre un fonds en euros et des unités de compte. Ces dernières sont investies sur les marchés financiers (actions, obligations, immobilier, ETF, etc.). Ce type de contrat offre un potentiel de rendement supérieur, mais sans garantie de capital.

Vous choisissez la répartition de votre épargne selon votre profil de risque et vos objectifs financiers. L'assurance-vie se distingue donc par sa souplesse et sa personnalisation.

Un autre produit également intéressant est le **contrat de capitalisation**, très proche de l'assurance-vie dans son fonctionnement. Vous pouvez y investir à votre rythme, effectuer des rachats partiels ou totaux, et profiter d'une fiscalité comparable. La différence principale réside dans la transmission du contrat : contrairement à l'assurance-vie, le contrat de capitalisation peut être transmis de votre vivant, par donation. Cela en fait un outil stratégique pour organiser la transmission de patrimoine.

Le **Plan d'Épargne Retraite (PER)**, quant à lui, est un produit spécialement conçu pour la préparation de la retraite. Les versements volontaires effectués sur un PER sont déductibles de votre revenu imposable, dans la limite des plafonds légaux. L'épargne est ensuite bloquée jusqu'à la retraite, sauf exceptions prévues par la loi (achat de la résidence principale, accident de la vie, etc.). Au moment de la retraite, vous pourrez percevoir votre capital sous forme de rente, de versement unique ou de retraits partiels programmés.

Il existe également des dispositifs plus ciblés, comme l'épargne handicap ou l'assurance décès-épargne, réservés à des profils particuliers. L'épargne handicap, par exemple, s'adresse aux personnes en situation de handicap et propose des conditions fiscales et sociales très avantageuses tout en facilitant la transmission du patrimoine.

Chacun de ces produits répond à des objectifs différents : préparer sa retraite, faire fructifier un capital, protéger ses proches, ou organiser une transmission patrimoniale. Le choix du produit le plus adapté repose sur une analyse de votre situation personnelle, de vos objectifs et de votre horizon de placement.

Comment bien choisir votre assurance-épargne

Avant de souscrire un contrat d'assurance-épargne, il est essentiel de prendre le temps d'évaluer vos besoins, votre tolérance au risque, vos objectifs financiers et votre horizon de placement. Ce sont ces critères qui vous permettront de faire un choix éclairé et réellement adapté à votre situation personnelle.

Le premier élément à considérer est votre profil de risque. Si vous privilégiez la sécurité, optez pour un contrat comportant un fonds en euros solide, garantissant votre capital tout en offrant un rendement modéré mais stable.

En revanche, si vous êtes prêt à accepter une part de volatilité pour espérer un meilleur rendement à long terme, vous pouvez vous tourner vers un contrat multisupport intégrant des unités de compte. Ces supports, investis sur les marchés financiers (actions, obligations, immobilier, etc.), présentent un potentiel de performance plus élevé, mais aussi un risque de perte en capital. L'essentiel est de choisir une répartition qui vous permette de dormir tranquille, tout en poursuivant vos objectifs de valorisation.

Deuxième critère fondamental : votre horizon de placement. Les contrats d'assurance-vie et les Plans d'Épargne Retraite (PER) sont conçus pour être conservés sur le long terme. Plus vous disposez de temps devant vous, plus vous pouvez envisager d'exposer votre épargne aux marchés, en misant sur leur croissance à long terme. À l'inverse, si vous avez besoin de liquidités dans les prochaines années, préférez des supports plus sûrs et facilement mobilisables, tout en gardant à l'esprit que certaines durées de détention (comme les 8 ans pour l'assurance-vie) permettent de bénéficier d'une fiscalité plus avantageuse.

Vos objectifs patrimoniaux sont également déterminants. Préparez-vous votre retraite ? Souhaitez-vous transmettre un capital à vos proches ? Ou simplement mettre de côté une épargne disponible en cas de besoin ? Chaque objectif appelle un type de contrat particulier. L'assurance vie, par exemple, est idéale pour concilier souplesse, rendement et transmission grâce à la clause bénéficiaire. Le PER, quant à lui, vous permet de vous constituer un complément de revenu pour la retraite tout en réduisant immédiatement votre imposition, grâce à la déductibilité des versements.

Ne négligez pas la question des frais. Ils peuvent fortement impacter la performance réelle de votre contrat, en particulier sur le long terme. Informez-vous sur les frais d'entrée, les frais de gestion, les éventuels frais d'arbitrage (si vous modifiez la répartition de votre épargne), ainsi que les frais de sortie. Privilégiez les contrats transparents, compétitifs, et offrant une large palette de supports d'investissement. Diversifier intelligemment vos placements permet d'optimiser le couple rendement/risque, et de construire une épargne plus résiliente face aux aléas économiques.

Enfin, pensez à revoir votre contrat régulièrement, idéalement avec l'aide d'un conseiller, pour ajuster votre stratégie en fonction de vos projets, de votre situation personnelle et de l'évolution des marchés. Un bon contrat d'assurance-épargne est un contrat qui s'adapte à vous, pas l'inverse.

Fiscalité et avantages successoraux

L'un des grands atouts de l'assurance-vie et des produits d'épargne retraite réside dans leur fiscalité avantageuse, aussi bien en phase de détention qu'en cas de transmission du capital. Toutefois, pour en tirer pleinement parti, il est essentiel de bien comprendre les règles applicables, qui varient selon l'ancienneté du contrat, le montant investi et le moment du décès.

a. Fiscalité de l'assurance-vie en cas de retrait
La fiscalité de l'assurance-vie dépend principalement de la durée de détention du contrat et de la date des versements. Tant que vous ne retirez pas d'argent (on parle de “rachat”), les gains ne sont pas imposés. Ce n'est qu'en cas de retrait que les plus-values sont soumises à l'impôt.

- Avant 8 ans de détention, les gains sont soumis par défaut au prélèvement forfaitaire unique (PFU) de 12,8 %, auquel s'ajoutent 17,2 % de prélèvements sociaux, soit une taxation globale de 30 %. Vous pouvez toutefois opter pour le barème progressif de l'impôt sur le revenu si cela vous est plus favorable.

- Après 8 ans, le régime devient plus attractif : un abattement annuel de 4 600 € pour une personne seule, ou 9 200 € pour un couple, s'applique sur les gains retirés. Au-delà de cet abattement, les plus-values sont imposées à :
  - 7,5 % si la part des versements effectués ne dépasse pas 150 000 €,
  - 12,8 % au-delà de ce seuil,
  - toujours avec 17,2 % de prélèvements sociaux en sus.

Autrement dit, plus vous conservez votre contrat longtemps, plus votre fiscalité s'allège, ce qui renforce l'intérêt de l'assurance-vie comme support d'épargne à long terme.

b. Fiscalité successorale de l'assurance-vie
En matière de succession, l'assurance-vie offre un cadre fiscal très avantageux, qui en fait un outil privilégié de transmission de patrimoine.

- Pour le conjoint survivant (époux ou partenaire de PACS), aucun droit de succession n'est dû sur le capital transmis.
- Pour les autres bénéficiaires, les primes versées avant 70 ans permettent à chaque bénéficiaire désigné de recevoir jusqu'à 152 500 € exonérés de droits de succession. Au-delà de ce seuil :
  - Un prélèvement de 20 % s'applique jusqu'à 700 000 €,
  - Puis 31,25 % au-delà.

Il s'agit là d'un abattement par bénéficiaire et non par contrat, ce qui permet de répartir le capital entre plusieurs personnes tout en limitant fortement la fiscalité.

- Pour les primes versées après 70 ans, le régime est moins favorable : un abattement global de 30 500 € est partagé entre tous les bénéficiaires, mais les droits de succession ne s'appliquent que sur le capital transmis, pas sur les plus-values accumulées, qui restent exonérées.

Dans tous les cas, la rédaction précise de la clause bénéficiaire est essentielle pour tirer pleinement parti de ces avantages successoraux.

c. Fiscalité du Plan d'Épargne Retraite (PER)
Le PER, de son côté, propose également un cadre fiscal attractif, mais avec des règles spécifiques :

- Les versements volontaires sont déductibles du revenu imposable, dans la limite de 10 % des revenus professionnels (plafonnés à 35 194 € pour 2025).
- À la sortie, les sommes perçues sont soumises à l'impôt sur le revenu :
  - Les versements sont imposés selon votre tranche marginale d'imposition,
  - Les plus-values sont taxées à la flat tax de 30 % (soit 12,8 % d'impôt + 17,2 % de prélèvements sociaux).

Ce mécanisme permet de réduire immédiatement vos impôts lors de la phase d'épargne, tout en constituant un capital pour votre retraite. En revanche, la fiscalité à la sortie peut être plus lourde si votre taux d'imposition ne baisse pas significativement au moment de votre retraite.

Exemple 1 : *Sophie, 50 ans, cadre dans une PME, souhaite préparer la transmission de son patrimoine à ses enfants, tout en valorisant son épargne. Elle opte pour une assurance-vie multisupport et effectue un versement initial de 30 000 €. Privilégiant la prudence, elle place 70 % de son capital sur le fonds en euros sécurisé, et consacre les 30 % restants à des unités de compte investies en immobilier et en actions européennes.*

Ce contrat lui offre une grande souplesse : elle peut effectuer des versements complémentaires à tout moment et ajuster librement la répartition de son épargne en fonction de l'évolution de ses objectifs. Huit ans plus tard, elle bénéficie d'une fiscalité allégée sur ses retraits. Et en cas de décès, ses enfants recevront chacun jusqu'à 152 500 € exonérés de droits de succession, grâce à la clause bénéficiaire personnalisée.

Pour Sophie, l'assurance-vie est bien plus qu'un simple placement : c'est un véritable outil de transmission et de sécurisation de son patrimoine familial.

Exemple 2 : *Julien, 33 ans, jeune entrepreneur, souhaite à la fois préparer sa retraite et réduire ses impôts. Il décide d'ouvrir un Plan d'Épargne Retraite (PER) et y verse 3 000 € par an. Ces versements* *sont déductibles de son revenu imposable, ce qui lui permet de diminuer immédiatement sa charge fiscale.*

Conscient de son profil dynamique et de son horizon long terme, Julien opte pour une gestion pilotée majoritairement investie en actions internationales. Il sait que son épargne restera bloquée jusqu'à la retraite, sauf cas exceptionnels, mais il apprécie cette forme d'engagement, qui l'aide à structurer son effort d'épargne dans le temps.

À terme, il pourra choisir entre une sortie en capital ou en rente, tout en ayant profité, pendant toute la durée du contrat, d'un cadre fiscal très avantageux. Pour Julien, le PER représente une solution claire et efficace pour construire sa sécurité financière future, sans négliger les économies d'impôt dès aujourd'hui.

Conclusion

L'assurance-épargne s'impose aujourd'hui comme un pilier essentiel de la gestion patrimoniale, tant en France qu'en Belgique. Elle offre une diversité de produits adaptés à tous les profils d'investisseurs : contrats à capital garanti pour sécuriser ses économies, unités de compte pour dynamiser son épargne, et solutions hybrides pour équilibrer sécurité et performance. Outre ses atouts en matière de valorisation du capital, elle constitue un puissant outil de transmission et d'optimisation fiscale, notamment grâce à sa souplesse juridique et successorale.

Intégrée à une stratégie d'ensemble, l'assurance-épargne se combine parfaitement avec d'autres classes d'actifs comme l'immobilier ou la bourse.

Ce sont les fondations d'un patrimoine solide, mais elles ne sont pas les seules options à votre disposition. En diversifiant davantage vos investissements, vous pouvez encore renforcer la résilience et l'agilité de votre stratégie financière.

C'est pourquoi, dans le chapitre suivant, nous allons élargir notre horizon et explorer d'autres formes d'investissement moins conventionnelles mais tout aussi pertinentes. Parmi elles, l'or occupe une place particulière, tant pour sa valeur refuge historique que pour son rôle de protection contre l'inflation et les crises systémiques. Découvrons ensemble comment intégrer judicieusement ces alternatives à votre plan patrimonial.

Exercice 1 : Choisissez votre type de contrat assurance-épargne

- Indiquez votre horizon de placement (court, moyen ou long terme) en fonction de votre profil de risque défini au chapitre 8.
- Choisissez le type de contrat d'assurance-épargne (branche 21, branche 23, fonds en euros, unités de compte, multisupport, etc.) qui correspond le mieux à votre profil.
- Expliquez votre choix en quelques lignes.

Exercice 2 : Comparez deux contrats d'assurance-épargne

- Sélectionnez deux contrats d'assurance-épargne (par exemple, une branche 21 et une branche 23 en Belgique, ou un fonds en euros et un multisupport en France).
- Renseignez-vous sur les frais d'entrée, de gestion, de sortie, le rendement moyen des cinq dernières années, et les garanties offertes.
- Présentez vos résultats dans un tableau comparatif.
- Concluez sur le contrat qui vous semble le plus adapté à vos besoins, en justifiant votre choix.

Exercice 3 : Calculez le rendement net d'un placement

- Imaginez que vous placez 10 000€ sur un contrat d'assurance-vie (fonds en euros ou branche 21) avec un taux d'intérêt garanti de 2 % par an, des frais de gestion de 0,7% et une taxe sur la prime de 2 % (pour la Belgique).
- Calculez la valeur de votre capital après 8 ans, en tenant compte des frais et taxes, mais hors fiscalité sur les intérêts.
- Présentez vos calculs étape par étape.

Chapitre 11 : Investissements alternatifs

L'immobilier, la bourse et les assurances-épargne sont souvent les premiers réflexes des particuliers lorsqu'il s'agit d'investir leur argent. Pourtant, il existe d'autres solutions complémentaires, parfois moins connues, mais qui peuvent enrichir efficacement votre stratégie patrimoniale. Dans ce chapitre, nous allons vous faire découvrir quelques-unes de ces pistes alternatives, en commençant par un actif mythique : l'or.

L' or : une valeur refuge intemporelle

Depuis l'Antiquité, l'or exerce une fascination particulière. Il traverse les siècles sans jamais perdre de son éclat. Ce métal précieux n'est pas simplement un symbole de richesse, il est aussi un outil de protection financière éprouvé. Dans un monde incertain, marqué par les crises économiques, l'inflation persistante et les tensions géopolitiques, l'or conserve une place de choix dans une stratégie de diversification.

Contrairement aux monnaies classiques, qui peuvent être dévaluées par les banques centrales, l'or ne repose sur aucune dette. Il n'est émis par aucun État et ne peut pas être imprimé à volonté. C'est précisément ce caractère tangible et universel qui en fait une valeur refuge. Historiquement, l'or a souvent protégé le pouvoir d'achat des épargnants, notamment lors des périodes de forte inflation comme les années 1970, ou après les crises financières récentes. Lorsque les marchés vacillent et que les monnaies perdent de leur valeur, l'or agit comme un amortisseur.

Mais son intérêt ne s'arrête pas là. Dans un portefeuille, l'or joue aussi un rôle de diversification. Il évolue souvent à contre-courant des actions ou des obligations, ce qui permet de lisser les performances globales en cas de turbulences boursières. En détenir, c'est aussi se prémunir contre les risques systémiques, comme un blocage bancaire, une faillite d'institution financière ou une dévaluation brutale d'une devise.

Pour investir dans l'or, vous avez principalement deux options : l'or physique (lingots, barres, pièces) et l'or papier (produits financiers répliquant le cours de l'or). Chacune de ces approches présente des avantages et des inconvénients qu'il convient de bien comprendre avant de vous lancer.

Investir en or physique

En choisissant l'or physique, vous investissez dans un actif tangible que vous pouvez détenir directement. L'achat de lingots ou de pièces d'or certifiées vous offre la sécurité de posséder un bien réel, indépendant des systèmes financiers. Les lingots (ou barres) sont généralement utilisés pour des montants d'investissement importants.

Le plus courant est le lingot d'un kilo, mais on trouve aussi des formats plus accessibles comme 100 g, 50 g ou même 10 g. Les pièces d'or, quant à elles, sont très prisées des particuliers pour leur flexibilité et leur dimension historique. Certaines pièces sont cotées sur les marchés, comme le Napoléon (20 francs) en France, la Krugerrand sud-africaine, la Maple Leaf canadienne ou encore l'American Eagle. Elles sont facilement revendables, souvent exemptes de TVA, et appréciées par les collectionneurs autant que par les investisseurs.

Le critère central dans l'achat d'or physique est la pureté. Elle s'exprime en carats ou en ‰ (millièmes). L'or pur est à 24 carats, soit 999,9‰ de pureté — c'est le cas, par exemple, des Maple Leaf ou des lingots certifiés LBMA. D'autres pièces, comme le Napoléon, contiennent environ 90 % d'or fin (soit 21,6 carats), le reste étant un alliage de cuivre ou d'argent pour les rendre plus résistantes à l'usure. Il est donc essentiel de connaître la teneur en or fin d'un produit pour évaluer sa valeur réelle. Enfin, il est fortement recommandé d'acheter des pièces ou lingots certifiés par des institutions reconnues, accompagnés de leur certificat d'authenticité.

Vous pouvez conserver cet or chez vous, dans un coffre à la banque ou auprès d'un prestataire spécialisé. En période de crise majeure, l'or demeure une monnaie universelle, échangeable partout dans le monde. Certaines pièces d'or bénéficient même d'une prime liée à leur rareté ou à leur valeur historique, ce qui peut augmenter leur potentiel de valorisation.

Cependant, investir dans l'or physique implique aussi quelques contraintes. Il y a risque de perte et de vol. Le stockage sécurisé représente un coût, que ce soit pour la location d'un coffre ou pour l'assurance. Les transactions (achat et revente) engendrent des frais, tels que la prime à l'achat, la commission du négociant ou la taxe sur les métaux précieux en France. En Belgique, la TVA peut s'appliquer à certains produits.

De plus, la liquidité de l'or physique dépend de la demande locale et de la qualité des pièces ou lingots que vous détenez. Il est donc essentiel de privilégier des produits standardisés, facilement négociables. Les lingots, bien que plus économiques au gramme, sont moins flexibles à revendre : difficile de "casser" un lingot si l'on a besoin de liquidités partielles. De plus, la liquidité d'une pièce dépend de sa notoriété et de sa demande locale.

Investir en or papier

Si vous souhaitez investir dans l'or sans vous encombrer de pièces ou de lingots, l'or papier constitue une alternative moderne et pratique

L'or papier désigne des produits financiers qui reproduisent le cours de l'or. Il peut s'agir d'ETF (fonds indiciels cotés), de certificats, de contrats à terme ou d'actions de sociétés minières. L'avantage ? Une grande souplesse. Vous pouvez investir à partir de montants réduits, gérer vos positions depuis un compte-titres classique et profiter de la liquidité des marchés financiers.

Les ETF or vous permettent d'acheter ou de vendre de l'or aussi facilement qu'une action, via votre banque ou une plateforme en ligne, avec une grande facilité et des frais réduits. Vous pouvez investir de petits montants, profiter d'une liquidité élevée et éviter les soucis de stockage. Certains ETF sont même adossés à de l'or physique conservé dans des coffres sécurisés, ce qui renforce leur fiabilité.

Pour les investisseurs expérimentés, il est aussi possible de se tourner vers des produits plus dynamiques, comme les actions de sociétés minières ou les contrats à terme, bien que ces derniers nécessitent une expertise plus poussée.

Une autre voie consiste à investir dans des actions de sociétés minières qui peuvent surperformer l'or lorsque les cours sont favorables. Enfin, certains fonds spécialisés ou SCPI orientés métaux précieux vous offrent une exposition plus diversifiée, combinant or, argent, infrastructures minières et autres ressources naturelles.

Si vous recherchez plus de dynamisme ou si vous avez un profil d'investisseur plus expérimenté. Vous pouvez par exemple vous tourner vers des certificats or, proposés par des banques, ou vers des contrats à terme (futures) si vous souhaitez spéculer à court terme, attention toutefois, ces produits sont complexes et risqués.

Sachez toutefois que l'or papier n'est pas exempt de risques. Vous ne détenez pas directement le métal, mais un produit financier qui en suit la valeur. En cas de crise systémique ou de faillite de l'émetteur, un risque de contrepartie existe, même s'il reste limité pour les ETF adossés à de l'or physique. Les actions de sociétés minières, quant à elles, sont soumises à la volatilité des marchés et à des facteurs propres à chaque entreprise, ce qui peut amplifier les variations de votre investissement.

Fiscalité de l'or

En Belgique, la fiscalité sur l'or est particulièrement favorable pour les particuliers. Si vous achetez de l'or à titre privé et non dans le cadre d'une activité professionnelle, aucune taxe n'est due sur la plus-value réalisée à la revente, quel que soit le montant du gain. C'est donc un véritable atout si vous souhaitez conserver de l'or sur le long terme.

De plus, l'or d'investissement est exonéré de TVA, conformément à une directive européenne. Cela concerne les lingots de 995‰ de pureté minimum et les pièces cotées répondant à certains critères (frappées après 1800, pureté supérieure à 900‰, cours proche de la valeur de l'or).

En France, la fiscalité est un peu plus complexe mais vous avez le choix entre deux régimes. Par défaut, les ventes d'or physique sont soumises à la taxe forfaitaire sur les métaux précieux : 11,5 % du prix de vente. Toutefois, si vous pouvez justifier la date et le prix d'achat, vous pouvez opter pour le régime des plus-values sur biens meubles, avec un taux de 36,2 %, mais assorti d'un abattement de 5 % par an à partir de la 3e année de détention, ce qui signifie exonération totale au bout de 22 ans. Comme en Belgique, l'or d'investissement est exonéré de TVA, mais il est important de bien conserver vos justificatifs d'achat pour choisir le régime fiscal le plus avantageux au moment de la revente.

Si vous vivez dans un pays et achetez ou revendez de l'or dans un autre, soyez particulièrement vigilant. Les achats ou reventes transfrontaliers peuvent soulever des questions fiscales spécifiques : déclaration en douane, justificatifs à fournir en cas de contrôle, ou imposition dans un pays plutôt qu'un autre selon votre résidence fiscale. Par exemple, si vous êtes résident belge mais revendez votre or en France, vous pourriez être redevable de la taxe française sur les métaux précieux, sauf preuve que l'or vous appartenait en Belgique. Il est donc essentiel de bien documenter chaque transaction et, en cas de doute, de consulter un conseiller fiscal spécialisé dans la fiscalité internationale.

Comment investir en or

Pour investir dans l'or, vous disposez aujourd'hui de nombreuses solutions accessibles. Vous pouvez acheter de l'or physique auprès de banques, de négociants spécialisés ou via des plateformes en ligne proposant des services de stockage sécurisé.

Si vous souhaitez acheter de l'or en toute sécurité, il est essentiel de passer par des canaux fiables et transparents. Les revendeurs agréés, comme Godot & Fils, le Comptoir National de l'Or, ou encore des acteurs suisses comme Gold Avenue, sont des références solides. Ces enseignes disposent de boutiques physiques et/ou de plateformes en ligne sécurisées, où vous pouvez acheter des lingots ou des pièces (Napoléon, Krugerrand, Maple Leaf…) avec certificat d'authenticité.

Certaines banques proposent également de l'or d'investissement, mais cela devient de plus en plus rare, et les frais sont généralement plus élevés. Vous pouvez aussi passer par des plateformes en ligne reconnues, qui offrent parfois un service de stockage sécurisé en Suisse ou dans d'autres juridictions neutres. Dans tous les cas, comparez les frais (marges à l'achat/revente, frais de stockage, livraison) avant de prendre votre décision : une différence de 2 % sur le prix de l'or peut représenter une somme non négligeable.

Pour éviter les arnaques, restez vigilant face aux offres trop alléchantes ou aux vendeurs peu transparents. Méfiez-vous des sites anonymes, des vendeurs non enregistrés ou non certifiés, et des plateformes qui ne vous fournissent ni facture détaillée, ni certificat d'origine. Vérifiez toujours l'identité du vendeur, sa réputation en ligne (avis clients, mentions légales, adresse physique), et privilégiez les sites utilisant des paiements sécurisés et des services de livraison traçables. Soyez aussi attentif aux pratiques trompeuses : certains acteurs peu scrupuleux vendent des pièces "souvenir" ou plaquées or à prix fort, en les présentant comme de l'or d'investissement. Si vous avez un doute, n'hésitez pas à faire expertiser la pièce ou le lingot avant achat. En résumé : mieux vaut payer un peu plus cher chez un professionnel de confiance que de risquer une mauvaise surprise.

Pour l'or papier, il vous suffit d'ouvrir un compte-titres auprès de votre banque ou d'un courtier en ligne, puis d'acquérir des ETF or ou des certificats ou des actions minières. Prenez soin de comparer les frais, de vous renseigner sur la fiscalité applicable et de choisir des produits reconnus pour leur sécurité et leur transparence.

Exemple 1 : *Claire, 42 ans, enseignante, veut préserver son épargne face à l'inflation . En 2018, elle décide d'investir 3 000 € dans des pièces Napoléon 20 francs auprès d'un revendeur agréé. Elle les conserve dans un coffre à la banque. En 2022, la valeur de son portefeuille en or dépasse les 4 000 €, soit une hausse de plus de 35 %, sans taxation. Claire n'a pas vendu, mais elle constate que cet investissement a permis à une partie de son épargne d'échapper à l'érosion monétaire.*

Exemple 2 : *Jérôme et Nadine, 63 ans, jeunes retraités, investissent 20 000 € dans un ETF or physique et 20 000 € dans des pièces Krugerrand achetées chez un revendeur agréé. Les ETF leur offrent de la flexibilité, tandis que les pièces sont stockées dans un coffre à la banque. En 5 ans, leur portefeuille or progresse de 25 % contre à peine 7% sur leur compte d'épargne. Ils se sentent mieux armés face à la volatilité économique.*

Exemple 3 : *Sophie, 50 ans, cadre supérieur, achète pour 25 000 € de pièces d'or sur un site vantant leur rareté. En réalité, il s'agissait de pièces commémoratives plaquées or, sans valeur de rachat. Aucune boutique ne les lui reprend. Elle perd l'intégralité de son capital. Déçue mais lucide, elle décide ensuite d'investir dans un ETF aurifère transparent, en comprenant l'importance de passer par des canaux reconnus.*

Conclusion

En conclusion, l'or n'est ni une solution miracle, ni un investissement anodin. C'est un actif ancien, résilient, mais qui exige rigueur et réflexion. Il reste une option solide pour diversifier votre portefeuille et protéger votre capital, surtout en période d'incertitude économique.

Que vous choisissiez d'investir dans l'or physique ou l'or papier, chaque approche présente ses propres avantages et défis. L'or physique vous offre la sécurité d'un actif tangible, tandis que l'or papier permet une plus grande flexibilité avec moins de gestion.

Il est essentiel, en tant qu'investisseur débutant, de bien évaluer ces options en fonction de vos objectifs, de votre tolérance au risque et de vos préférences. L'essentiel est d'adopter une approche réfléchie et stratégique, en vous assurant de choisir des véhicules d'investissement fiables, afin de préserver votre pouvoir d'achat sur le long terme.

Si l'or physique ou papier constitue une valeur refuge depuis des siècles, il existe aujourd'hui une autre forme d'actif, bien plus récente, qui intrigue et attire de plus en plus d'investisseurs : le Bitcoin. Souvent surnommé « l'or numérique », il partage avec le métal précieux plusieurs caractéristiques fondamentales. Comme l'or, le Bitcoin n'est émis par aucun État et n'est pas lié à une banque centrale. Sa quantité est limitée, ce qui en fait un actif rare, et il est perçu comme une protection contre l'inflation ou les excès du système financier.

Mais contrairement à l'or, le Bitcoin appartient à un univers radicalement nouveau : celui des cryptomonnaies et de la technologie blockchain. Plus qu'un simple moyen de paiement, c'est une véritable révolution numérique dans notre manière d'échanger, de stocker et de faire fructifier de la valeur.

Dans la section suivante, nous allons plonger dans cet écosystème fascinant pour comprendre comment fonctionnent les cryptomonnaies, pourquoi elles suscitent autant d'intérêt, et comment vous pouvez y investir en toute connaissance de cause.

Les cryptomonnaies

Les cryptomonnaies, souvent abrégées en “cryptos”, sont des monnaies numériques qui reposent sur des technologies avancées comme la blockchain.

Souvent surnommé « l’or numérique », le Bitcoin est bien plus qu’un simple actif spéculatif. Il incarne une révolution dans notre manière d’échanger, de stocker et de penser la valeur. À la différence des monnaies traditionnelles émises par les banques centrales, les cryptomonnaies reposent sur un principe de décentralisation : aucun organisme central ne contrôle leur émission, leur valeur ou leur circulation. C’est un réseau d’ordinateurs répartis à travers le monde qui valide et sécurise les transactions, grâce à une technologie innovante appelée blockchain.

Cette absence d’intermédiaires attire de plus en plus d’investisseurs séduits par l’autonomie, la rapidité des transactions et des frais souvent réduits. Le Bitcoin, lancé en 2009, reste la figure de proue de cet écosystème. Mais il n’est pas seul. Ethereum, par exemple, permet d’exécuter des programmes appelés « smart contracts », tandis que d’autres projets comme Solana, Cardano ou Avalanche cherchent à améliorer la vitesse des transactions ou leur efficacité énergétique. Il existe également des cryptomonnaies dites « stables », ou stablecoins, adossées à des devises comme l’euro ou le dollar, conçues pour limiter les variations de valeur.

La technologie sous-jacente, la blockchain, mérite qu’on s’y attarde. Elle fonctionne comme un registre public, infalsifiable, où chaque transaction est inscrite dans un bloc, puis reliée aux précédentes pour former une chaîne. Chaque membre du réseau détient une copie de cette chaîne, ce qui garantit une transparence totale et une sécurité renforcée. Grâce à ce système, il devient possible de transférer de la valeur de manière fiable, sans tiers de confiance.

Ce système permet de sécuriser les transactions tout en assurant la transparence. Cela signifie que les cryptomonnaies ne sont pas seulement une forme de monnaie, mais aussi un moyen de transférer de la valeur de manière sécurisée.

Comment investir en cryptomonnaies

Investir dans les cryptomonnaies peut sembler complexe au début, mais il existe plusieurs plateformes qui simplifient l'achat, la vente et le stockage de ces actifs numériques. Les plus populaires incluent Coinbase, Binance, Bitpanda et Kraken.

Sur ces plateformes, vous pouvez acheter des cryptos en échange de monnaies traditionnelles comme l'euro ou le dollar. Il est également possible de les échanger contre d'autres cryptos. Il n'est pas conseillé de laisser vos cryptos sur une plateforme à cause du risque de piratage.

Vous pouvez stocker vos cryptos en ligne sur un « hot wallet », ou hors ligne, pour plus de sécurité, dans ce qu'on appelle un « cold wallet » qui est en fait une clé privée pour avoir accès à vos cryptos sur la blockchain. C'est souvent cette seconde possibilité qui est utilisée le plus car étant la plus sécurisée.

Si vous préférez une solution plus simple et réglementée, il existe aujourd'hui des produits financiers qui reproduisent la performance des cryptomonnaies, comme les ETF ou les certificats. Ces produits sont accessibles depuis un compte-titres classique, sans avoir à gérer la logistique technique liée aux portefeuilles numériques. Ils permettent ainsi d'être exposé au marché crypto tout en bénéficiant de la sécurité des marchés financiers traditionnels. Il est aussi possible d'investir indirectement en achetant des actions de sociétés cotées actives dans l'univers des cryptomonnaies ou de la blockchain. Certaines plateformes spécialisées vous donnent accès à des fonds thématiques orientés vers cette nouvelle économie.

Cette solution vous permet de profiter de la liquidité, de la transparence et du cadre réglementé des marchés financiers traditionnels, tout en bénéficiant de l'évolution du secteur crypto. Gardez toutefois à l'esprit que vous ne détenez pas directement de cryptomonnaies: vous suivez simplement leur performance à travers un produit financier.

Une autre approche consiste à investir dans des entreprises cotées en bourse qui sont actives dans le domaine des cryptomonnaies ou de la technologie blockchain. En choisissant cette voie, vous misez sur le développement de l'écosystème crypto à travers des sociétés impliquées dans différents aspects: plateformes d'échange, solutions technologiques, minage ou encore services financiers liés à la blockchain.

Cette stratégie vous offre une exposition indirecte, avec l'avantage de bénéficier de la solidité et de la réglementation des marchés boursiers classiques. De plus, ces entreprises peuvent continuer à se développer même si le marché des cryptomonnaies traverse des périodes de volatilité, grâce à la diversification de leurs activités et à l'adoption croissante de la technologie blockchain dans l'économie.

Avantages des cryptomonnaies

Les cryptos se distinguent également par leur extrême volatilité. Leurs cours peuvent fluctuer de manière significative en très peu de temps, ce qui peut rendre les investissements risqués, mais aussi potentiellement extrêmement rentables. Des fortunes se sont faites en spéculant sur les cryptos. Par exemple, le Bitcoin a connu des hausses spectaculaires de sa valeur, suivies de baisses abruptes. Cette volatilité attire à la fois les investisseurs spéculatifs, qui cherchent à profiter des variations de prix, et les investisseurs à long terme, qui croient en l'avenir des cryptos. Pour un investisseur débutant, il est essentiel de bien comprendre cette volatilité et de ne pas investir plus que ce que l'on peut se permettre de perdre.

En plus de leur potentiel de croissance, les cryptos offrent également certains avantages pratiques. Par exemple, elles permettent de réaliser des transactions internationales rapidement et à moindre coût, sans avoir à passer par des intermédiaires comme les banques. De nombreuses personnes y voient une alternative moderne au système bancaire traditionnel, et un outil potentiel d'inclusion financière dans les pays moins bancarisés.

Elles offrent aussi une certaine confidentialité, même si les transactions sont visibles sur la blockchain, elles sont associées à des adresses de portefeuilles et ne révèlent pas directement l'identité des utilisateurs. Cela en fait un choix intéressant pour ceux qui recherchent davantage d'anonymat dans leurs transactions financières.

Risques des cryptomonnaies

Cependant, outre leur très forte volatilité, les cryptos ne sont pas sans risques. Elles sont souvent associées à des préoccupations concernant leur sécurité, leur régulation et leur adoption par le grand public. Par exemple, certaines cryptos ont été utilisées pour des activités illégales, ce qui a conduit certains gouvernements à les réglementer ou à les interdire.

De plus, bien que la technologie blockchain soit généralement sécurisée, les plateformes d'échange et les portefeuilles numériques peuvent être vulnérables aux piratages. Il est donc crucial d'adopter des mesures de sécurité, comme l'utilisation de portefeuilles sécurisés ou d'authentification à deux facteurs, pour protéger ses investissements.

Le marché reste jeune, en constante évolution. Certaines cryptos ont disparu aussi vite qu'elles sont apparues.

Les réglementations autour des cryptos sont en constante évolution, et il n'est pas toujours clair comment ces actifs seront traités par les autorités fiscales ou financières à l'avenir. Cela peut introduire des risques supplémentaires pour les investisseurs, notamment en termes de fiscalité ou de restrictions futures sur l'utilisation des cryptos.

Fiscalité des cryptomonnaies

En Belgique comme ailleurs, la fiscalité des cryptos évolue rapidement et il est important que vous restiez attentif aux dernières réglementations. Jusqu'à présent, si vous investissiez dans les cryptos dans le cadre d'une gestion normale de votre patrimoine privé, les plus-values réalisées étaient en principe exonérées d'impôt.

Cependant, si votre activité était considérée comme spéculative ou professionnelle, les gains pouvaient être imposés à hauteur de 33 % (revenus divers) ou jusqu'à 50 % (revenus professionnels).

À partir de 2026, la législation va se durcir : même en tant qu'investisseur privé, vous serez soumis à une taxe de 10 % sur les plus-values réalisées. De plus, vous devrez déclarer vos comptes cryptos, et les plateformes transmettront automatiquement vos données aux autorités fiscales. Il est donc essentiel de bien documenter vos opérations et de vous tenir informé des évolutions légales.

En France, la fiscalité des cryptos est désormais bien encadrée. Si vous réalisez des plus-values sur la vente de vos cryptos, celles-ci sont généralement soumises au prélèvement forfaitaire unique (PFU) au taux global de 30 %. Ce régime s'applique tant que vous agissez en tant que particulier et que vos activités restent occasionnelles.

En revanche, si vous exercez une activité professionnelle liée aux cryptos (trading intensif, minage…), vos gains seront imposés selon les régimes BNC ou BIC, avec des taux pouvant atteindre 45 %.

N'oubliez pas non plus de déclarer chaque année vos comptes ouverts sur des plateformes étrangères, sous peine de sanctions. Une bonne organisation et une veille régulière sur la législation vous permettront d'investir sereinement dans ce secteur.

Exemple 4 : *Lucas, 22 ans, étudiant en sciences, investit tous les mois une petite somme dans plusieurs cryptos différentes, espérant multiplier ses gains rapidement. Il suit les tendances sur les réseaux sociaux et achète souvent au plus haut, puis vend sous l'effet de la panique lors des baisses. Après quelques mois, il réalise qu'il a perdu une partie de son capital et décide de revoir sa stratégie : il prend le temps de se former, fixe des objectifs clairs et apprend à gérer ses émotions pour investir de manière plus réfléchie.*

Exemple 5 : *Nathalie, 40 ans, employée de banque, décide en 2019 d'investir 1 000 € dans une crypto bien établie, qu'elle conserve malgré les fluctuations du marché. Cinq ans plus tard, lors d'une forte hausse des cours, elle revend la moitié de ses actifs et réalise un bénéfice de 25 500 €. Grâce à sa patience et à sa gestion prudente, elle a pu financer un projet personnel tout en conservant une partie de ses cryptos pour l'avenir.*

Exemple 6 : *Sophie, 52 ans, médecin, souhaite diversifier son patrimoine et s'intéresse aux cryptos. Prudente, elle commence par investir via un ETF crypto sur son compte-titres, ce qui lui permet de profiter de la performance du marché sans avoir à gérer elle-même un portefeuille numérique. Elle apprécie la simplicité et la sécurité de ce mode d'investissement, tout en restant exposée à la volatilité du secteur.*

Conclusion

Les cryptomonnaies peuvent constituer une opportunité intéressante pour diversifier votre portefeuille, à condition de les aborder avec prudence et discernement. Il est important de ne jamais investir plus que ce que vous êtes prêt à perdre, et de bien vous informer avant de vous lancer. Commencez par des montants modestes, familiarisez-vous avec les plateformes, et privilégiez les projets solides et connus.

Gardez à l'esprit qu'il ne s'agit pas d'un placement miracle, mais d'un univers en pleine construction, avec ses hauts et ses bas. En adoptant une approche progressive, curieuse et réfléchie, vous pourrez explorer ce nouvel espace d'investissement tout en conservant une stratégie globale cohérente et adaptée à vos objectifs.

Chapitre 12 :
Diversifier plus loin

Pour compléter ce tour d'horizon des solutions d'investissement accessibles aux particuliers, j'aimerais vous présenter deux alternatives encore peu connues du grand public, mais qui gagnent rapidement en popularité : le crowdfunding et le Private Equity. Ces options, souvent perçues comme réservées à un cercle d'initiés, s'ouvrent désormais à un public plus large et méritent toute votre attention.

Le crowdfunding

Le financement participatif, ou crowdfunding, a profondément transformé la manière d'investir. Il permet à chacun de devenir acteur du développement de projets qui le touchent, en mobilisant de petites sommes auprès d'un grand nombre de personnes. Grâce à Internet, cette forme d'investissement s'est démocratisée : vous n'avez plus besoin de gros capitaux pour soutenir une entreprise innovante, contribuer à la construction d'un immeuble ou participer au lancement d'un produit écoresponsable.

Cette approche participative offre une alternative intéressante aux placements classiques. Vous ne vous contentez plus de confier votre argent à une banque ou à un fonds : vous choisissez concrètement dans quoi vous investissez, selon vos convictions, vos centres d'intérêt et vos objectifs. Certains projets visent le rendement, d'autres l'impact social ou environnemental. Dans tous les cas, le crowdfunding vous rapproche de l'économie réelle.

Mais attention, il ne s'agit pas d'un placement sans risque. Comme toujours, mieux vaut comprendre les mécanismes avant de se lancer. Le crowdfunding séduit par sa simplicité d'accès, mais demande rigueur, discernement et diversification.

Types de crowdfunding

Le crowdfunding se décline en plusieurs catégories, chacune répondant à des attentes différentes et comportant un niveau de risque spécifique. Si certaines formules privilégient la solidarité ou la récompense symbolique, d'autres s'inscrivent clairement dans une logique de placement financier.

L'une des formules les plus populaires est le **crowdlending**, ou prêt participatif. Ici, vous prêtez une somme d'argent à une entreprise, généralement une PME, qui s'engage à vous rembourser avec intérêts sur une durée définie. Le rendement est connu à l'avance, et les remboursements mensuels sont prévus dans un échéancier contractuel. Ce type de placement offre une relative prévisibilité, bien qu'il existe toujours un risque de défaut de paiement si l'entreprise connaît des difficultés.

Autre option: le **crowdequity**, ou capital participatif. Dans ce cas, vous devenez actionnaire d'une jeune entreprise non cotée. Vous en soutenez le développement en échange de parts sociales ou d'actions, et vous misez sur une prise de valeur à long terme. C'est une manière directe de participer à l'essor de l'économie locale ou de soutenir une innovation prometteuse. Mais c'est aussi un placement plus risqué : si la société échoue, vous pouvez perdre la totalité de votre mise.

Certaines plateformes proposent aussi du crowdfunding immobilier, qui permet d'investir dans des projets de construction ou de rénovation, souvent avec un horizon de quelques années et un rendement ciblé autour de 6 à 10 % par an. Ce type d'investissement attire de plus en plus de particuliers, car il combine tangibilité, rendement attractif et durée relativement courte.

Avantages du crowdfunding

Le crowdfunding présente plusieurs atouts qui en font une solution attrayante pour diversifier votre épargne, même avec un budget modeste.

D'abord, il offre un accès privilégié à des projets concrets et porteurs de sens. En investissant via une plateforme participative, vous soutenez directement des initiatives locales, des entreprises en pleine croissance, ou encore des projets immobiliers, sans passer par les canaux traditionnels. Vous devenez ainsi un acteur du financement de l'économie réelle, en lien direct avec les porteurs de projets.

Autre avantage : le ticket d'entrée est souvent très bas. Là où l'immobilier ou certains produits financiers exigent des montants importants, le crowdfunding permet de commencer avec quelques centaines d'euros. Cette accessibilité en fait une option idéale pour les débutants, mais aussi pour ceux qui souhaitent tester de nouveaux types de placements sans y engager une part trop importante de leur capital.

La transparence est également au cœur du modèle. Les plateformes de qualité mettent à disposition de nombreuses informations sur chaque projet : documents financiers, objectifs de croissance, présentation de l'équipe dirigeante, évaluation des risques... Autant d'éléments qui vous permettent d'investir en toute connaissance de cause.

Enfin, le crowdfunding permet une bonne diversification. En investissant de petites sommes dans plusieurs projets, vous répartissez vos risques tout en multipliant vos chances de rendement. Vous construisez ainsi, progressivement, un portefeuille équilibré, original et tourné vers l'économie de demain.

Inconvénients du crowdfunding

Malgré ses nombreux atouts, le crowdfunding n'est pas sans risques. Pour en tirer parti sans mauvaise surprise, il est essentiel d'en comprendre les limites et les spécificités.

Tout d'abord, il faut garder à l'esprit que les projets proposés sur les plateformes participatives ne sont pas aussi régulés ni aussi solides que ceux disponibles sur les marchés financiers traditionnels. Il peut arriver qu'une entreprise échoue dans son développement, que le porteur de projet ne tienne pas ses engagements, ou que les prévisions financières s'avèrent trop optimistes. Dans ce cas, vous pouvez perdre tout ou partie de votre capital investi.

Autre élément important : la faible liquidité. Contrairement à une action cotée que vous pouvez vendre à tout moment, les investissements réalisés en crowdfunding sont en général bloqués pour plusieurs années, sans garantie de revente anticipée. Il faut donc être prêt à immobiliser vos fonds pour une période relativement longue.

De plus, si certaines plateformes se montrent rigoureuses dans la sélection des projets, elles ne peuvent pas garantir leur réussite. C'est à vous, en tant qu'investisseur, de prendre le temps d'analyser les informations disponibles, d'évaluer les risques et de faire vos propres choix avec discernement.

Enfin, les rendements présentés sont souvent attractifs sur le papier, mais ils ne tiennent pas toujours compte des éventuels retards, défauts de remboursement ou frais annexes. Il convient donc de rester prudent et de ne jamais investir plus que ce que vous êtes prêt à perdre.

Comment investir en crowdfunding

Investir en crowdfunding commence par le choix de la plateforme. Ce sont elles qui jouent le rôle d'intermédiaire entre les porteurs de projets et les particuliers désireux de les financer. Ces plateformes mettent à votre disposition une sélection de projets, accompagnée d'informations détaillées sur l'entreprise, le modèle économique, l'équipe dirigeante, les objectifs de financement et les conditions de remboursement ou de revente.

Avant d'investir, il est essentiel de prendre le temps d'étudier chaque projet. Cela signifie comprendre le secteur d'activité, évaluer la viabilité financière, juger de la solidité de l'équipe et vérifier si les objectifs annoncés vous paraissent réalistes. N'hésitez pas à poser des questions à la plateforme si certains éléments ne vous semblent pas clairs.

Une fois votre choix fait, vous pouvez investir directement depuis votre compte utilisateur, généralement en ligne, en transférant la somme que vous souhaitez engager. Dans la plupart des cas, vous recevrez un contrat ou un bulletin de souscription précisant les modalités de votre investissement.

Il est fortement recommandé de répartir vos investissements sur plusieurs projets, afin de ne pas dépendre du succès d'un seul. Par exemple, plutôt que d'investir 20 000 € dans un unique projet, vous pourriez répartir cette somme sur quatre ou cinq initiatives différentes. Cette diversification vous permettra de lisser les risques tout en augmentant vos chances de retour positif.

Commencer avec de petites sommes est une approche judicieuse.

Cela vous permet de vous familiariser avec le fonctionnement du crowdfunding, de tester différentes plateformes et de mieux comprendre vos préférences personnelles. Avec l'expérience, vous serez plus à l'aise pour affiner vos choix, élargir vos horizons et peut-être investir des montants plus importants.

Enfin, le crowdfunding doit être envisagé comme un complément à une stratégie d'investissement globale. Il ne remplace ni l'épargne de précaution, ni les investissements plus classiques comme l'immobilier ou la bourse. En revanche, il enrichit votre portefeuille d'une dimension plus humaine et plus diversifiée, en vous permettant de soutenir des projets concrets tout en visant un rendement.

Exemple 7 : *Julien, 33 ans, infirmier, découvre le crowdfunding en 2020 lorsqu'un ami lui parle d'une plateforme de prêt participatif. Il décide d'investir 500 € dans un projet de développement durable porté par une PME française. Chaque mois, il reçoit ses remboursements avec intérêts. En trois ans, il a investi dans dix projets similaires, diversifiant ainsi ses placements. Aujourd'hui, il utilise une partie des intérêts perçus pour financer ses vacances annuelles, tout en gardant le capital pour de nouveaux projets.*

Exemple 8 : *Claire, 28 ans, graphiste freelance, choisit en 2021 d'investir 800 € en crowdequity dans une jeune entreprise de cosmétiques naturels. Sensible à la mission écologique de la marque, elle suit l'évolution de l'entreprise via la plateforme. En 2024, la société est rachetée par un groupe plus important et Claire revend ses parts avec une plus-value de 3 200 €. Elle réinvestit une partie de cette somme dans un nouveau projet lié à la mode éthique.*

Exemple 9 : *Marc, 54 ans, cadre dans la finance, souhaite diversifier ses placements avec des investissements à impact. Il décide en 2018 d'allouer 25 000 € à plusieurs projets de crowdfunding immobilier. Chaque année, il touche des rendements stables et prévisibles, autour de 8% par an. Ce type de placement lui offre une alternative intéressante aux marchés financiers, tout en lui donnant l'impression de contribuer au développement local.*

Conclusion

Le crowdfunding peut être une porte d'entrée passionnante vers le monde de l'investissement. Il vous permet de soutenir des projets concrets, d'accéder à des opportunités jusque-là réservées à des professionnels ou à de gros investisseurs, et de diversifier intelligemment votre portefeuille avec des montants modestes.

Mais comme tout placement, il demande de la rigueur, de la prudence et une bonne dose de curiosité. En vous informant sérieusement, en diversifiant vos engagements et en investissant uniquement ce que vous pouvez vous permettre de perdre, vous maximiserez vos chances de réussite tout en limitant les risques.

Dans un monde où les solutions d'investissement se multiplient, le crowdfunding incarne un modèle plus participatif, plus humain, et parfois plus gratifiant que les circuits financiers traditionnels. À condition de garder la tête froide, il peut devenir un levier efficace au service de vos projets, de vos valeurs et de votre indépendance financière.

Le Private Equity

Une autre voie, longtemps réservée aux investisseurs institutionnels, attire aujourd'hui de plus en plus de particuliers : le Private Equity, ou capital-investissement. Cela consiste à investir dans des sociétés non cotées en bourse, à différents stades de leur développement, dans le but de les accompagner dans leur croissance et d'en retirer une plus-value lors de la revente des parts après plusieurs années.

À la différence de l'investissement traditionnel en bourse, le Private Equity se concentre sur des entreprises souvent innovantes ou en phase de transformation, leur apportant non seulement des capitaux mais aussi un soutien stratégique et opérationnel. Quand vous investissez dans le Private Equity, vous soutenez l'économie réelle, en participant directement au développement de PME ou de start-up locales, ce qui peut donner du sens à votre épargne.

Avantages

L'un des principaux avantages du Private Equity est la perspective de rendements attractifs, souvent supérieurs à ceux des marchés cotés, en contrepartie d'un horizon d'investissement long, généralement de cinq à dix ans. Sur la décennie écoulée, le Private Equity a généré un rendement moyen annuel de l'ordre de 14 %, contre 8 à 11 % pour les principaux indices boursiers français et américains, confirmant ainsi sa place comme l'une des classes d'actifs les plus performantes sur le long terme pour les investisseurs acceptant une prise de risque et une immobilisation des fonds plus importantes.

Cette classe d'actifs permet également de diversifier son patrimoine, car elle est faiblement corrélée aux fluctuations des marchés financiers traditionnels.

Enfin, certains dispositifs offrent des avantages fiscaux, notamment via les FIP (Fonds d'investissement de Proximité) et les FCPI (Fonds Communs de Placement dans l'innovation), qui permettent, sous conditions, de bénéficier de réductions d'impôt sur le revenu ou d'exonérations sur les plus-values.

Inconvénients

Cependant, le Private Equity présente aussi des inconvénients majeurs à bien prendre en compte. Le risque de perte en capital est élevé : les entreprises financées, souvent jeunes ou en forte croissance, peuvent rencontrer des difficultés, voire faire faillite, entraînant une perte partielle ou totale de l'investissement.

Par ailleurs, il s'agit d'un placement peu liquide, les transactions devant se faire de gré à gré. Les fonds investis sont généralement bloqués pendant plusieurs années, sans possibilité de retrait anticipé, contrairement à d'autres produits d'épargne plus flexibles. Cette illiquidité est la contrepartie du potentiel de rendement et de la fiscalité avantageuse.

Ce type de placement s'adresse historiquement aux investisseurs institutionnels, mais il s'est progressivement ouvert aux particuliers en France et en Belgique, notamment via des véhicules collectifs adaptés.

Comment investir en Belgique

Les investisseurs particuliers belges disposent de plusieurs options pour accéder au Private Equity, chacune présentant ses spécificités et conditions d'accès.

La voie la plus directe consiste à investir dans des véhicules collectifs spécialisés, tels que les pricaf privées (sociétés d'investissement privées), accessibles à partir de 25 000 euros. Ces structures, réglementées et supervisées par le SPF Finances, permettent de mutualiser les investissements aux côtés d'autres particuliers et de bénéficier d'une gestion professionnelle, tout en profitant d'un cadre fiscal plus avantageux que l'investissement direct.

Les banques privées belges proposent également des solutions dédiées via des fonds spécialisés. Ces offres, généralement réservées à une clientèle fortunée, exigent des montants d'investissement élevés et un engagement sur le long terme, souvent autour de 10 ans. Les établissements sélectionnent rigoureusement les gestionnaires et accompagnent leurs clients dans la construction d'un portefeuille diversifié en Private Equity.

Pour les épargnants disposant de budgets plus modestes, certaines plateformes en ligne démocratisent l'accès au capital-investissement. Elles permettent de souscrire à des fonds ou à des projets spécifiques avec des tickets d'entrée réduits, tout en offrant des outils de sélection adaptés au profil de l'investisseur. La souscription se fait généralement de manière digitalisée et simplifiée mais il s'agit plus de crowdfunding (notamment Bolero Crowdfunding, BeeBonds, Spreds, etc.) que de Private Equity qui n'est pas accessible en Belgique avec de petits montants. Elles constituent une solution alternative même si elles ne proposent pas exactement la même diversification ni la même structure que les fonds de Private Equity traditionnels.

Enfin, une alternative intéressante consiste à acquérir des actions de holdings cotées ou de sociétés d'investissement actives dans le Private Equity, telles que Gimv, Sofina ou Brederode. Cette approche permet une exposition indirecte au capital-investissement, avec une meilleure liquidité et un ticket d'entrée plus faible, tout en profitant du savoir-faire de gestionnaires expérimentés.

Comment investir en France

Pour les investisseurs particuliers français, les solutions les plus accessibles passent par les fonds spécialisés tels que les FCPR (Fonds Communs de Placement à Risques), les FCPI et les FIP. Ces fonds sont souvent accessibles dès 1 000 €, et permettent une large diversification sur un grand nombre d'entreprises non cotées, tout en ouvrant droit à certains avantages fiscaux, notamment des réductions d'impôt sur le revenu pour les FCPI et FIP.

Ces dernières années, des initiatives publiques et privées ont abaissé le seuil d'entrée. Par exemple, Bpifrance propose des fonds de fonds Private Equity destinés au grand public, comme le fonds BE3, accessible dès 500 euros. Ces produits investissent dans un vaste panel d'entreprises non cotées avec une gestion professionnelle et une diversification significative. La souscription peut s'effectuer directement via la plateforme digitale de Bpifrance ou par l'intermédiaire de partenaires bancaires, assureurs ou conseillers en gestion de patrimoine.

Par ailleurs, certains contrats d'assurance-vie, plans d'épargne retraite (PER) ou PEA-PME proposent désormais des supports intégrant du Private Equity, rendant cet univers d'investissement encore plus accessible et fiscalement intéressant.

Pour aller plus loin, les plateformes en ligne spécialisées offrent une sélection de fonds avec des tickets d'entrée variés, parfois dès 1 000 €, en accompagnant l'investisseur dans le choix des supports en fonction de son profil de risque, de ses objectifs de diversification ou de ses *besoins fiscaux.*

Exemple 10 : *Isabelle, 64 ans, dirigeant d'entreprise à la retraite, place 250 000 € via sa banque privée dans un fonds de Private Equity à dominante européenne. Avec l'appui de son conseiller, elle mise sur un portefeuille diversifié de PME familiales en croissance.*

Dix ans plus tard, les rachats progressifs des participations lui permettent de récupérer 395 000 €, net de frais. Elle apprécie la stabilité et la qualité des entreprises sélectionnées, et envisage désormais d'intégrer cette classe d'actifs à la transmission de son patrimoine.

Exemple 11 : *Kevin, 35 ans, salarié dans la fintech, investit 3 000 € via une plateforme de crowdfunding dans un projet de développement immobilier porté par une PME belge. L'investissement, à échéance de 4 ans, lui rapporte un rendement annuel de 7 %, remboursé sous forme d'obligations. Même si ce n'est pas du Private Equity pur, cette opération l'a initié à l'univers du non coté et lui a permis de diversifier ses placements avec un risque mesuré.*

Exemple 12 : *Sophie, 48 ans, directrice marketing en France, alloue 10 % de son contrat d'assurance-vie à un support de Private Equity référencé par son assureur. Le support investit dans un fonds de capital-développement européen. Au bout de cinq ans, la part valorisée dans son contrat a progressé de +60 %, sans générer d'impôt immédiat grâce à la fiscalité avantageuse de l'assurance-vie. Séduite par cette performance, elle envisage d'augmenter son exposition à cette classe d'actifs dans ses autres enveloppes patrimoniales.*

Conclusion

Le Private Equity peut représenter un levier puissant pour faire fructifier votre patrimoine sur le long terme. En investissant dans des entreprises non cotées, vous sortez des sentiers battus pour explorer une autre dimension de l'investissement : celle qui combine potentiel de rendement élevé, diversification et impact concret sur l'économie réelle. Vous devenez acteur du développement de sociétés innovantes ou prometteuses, et non simple spectateur des fluctuations des marchés.

Mais cet univers ne convient pas à tous les profils. Le Private Equity exige de la patience, une bonne tolérance au risque, et une acceptation de l'illiquidité. En contrepartie, les résultats peuvent être significatifs, surtout si vous prenez soin de choisir des véhicules bien construits et gérés par des professionnels expérimentés. Il est donc essentiel de bien comprendre la stratégie du fonds, la nature des entreprises financées, et les conditions d'accès avant de vous lancer.

Si vous débutez, n'ayez pas peur de commencer modestement, via des fonds accessibles, des plateformes sérieuses ou des supports intégrés à vos placements existants comme l'assurance-vie ou le PER. Et comme toujours, n'hésitez pas à solliciter l'accompagnement d'un professionnel pour adapter votre stratégie à vos objectifs et à votre situation personnelle.

Investir dans le non coté, c'est accepter une part d'inconnu, mais c'est aussi s'ouvrir à une croissance plus stable, plus humaine et plus proche du terrain. C'est une façon moderne, engagée et potentiellement très rentable de faire travailler votre argent.

Exercice 1 : Etudiez les différents investissements alternatifs

- Sur une échelle de 1 à 10, notez votre niveau de confort personnel : êtes-vous plutôt prudent (1) ou prêt à accepter de fortes variations de valeur (10) ?
- Classez les investissements suivants de celui qui vous semble le plus rassurant à celui que tu trouves le plus risqué : or physique, or papier, crowdfunding capital, crowdfunding prêt, Private Equity, cryptomonnaies.

Exercice 2 : Déterminez votre meilleur choix

- Parmi les différents types d'investissement alternatifs, identifiez celui qui vous parle le plus et pourquoi.
- Quel pourcentage de votre épargne investiriez-vous dans cet instrument ? 1%? 5% ? 10% ? 20% ?
- Quel rendement attendez-vous ?
- Quels risques êtes-vous prêts à prendre ? Perte totale ? perte de 50% ? perte de 20% ?

Conclusion

Nous arrivons à la fin de ce voyage. J'espère qu'il vous a plu.

Si vous en avez suivi les différentes étapes, vous êtes désormais mieux armé pour prendre en main votre avenir financier.

En parcourant les chapitres de ce livre, vous avez découvert les fondements d'une gestion saine et progressive de votre argent, de la mise en place d'un budget équilibré à la constitution d'une épargne de précaution, en passant par l'investissement dans des actifs adaptés à vos objectifs. Si ces connaissances ne garantissent pas un enrichissement immédiat, elles constituent en revanche une boussole fiable pour vous orienter avec lucidité et confiance dans vos décisions.

Vous avez appris que l'indépendance financière ne s'obtient pas en courant après des promesses de gains rapides, mais en cultivant une discipline durable, une vision claire et une bonne dose de patience. Qu'il s'agisse d'éliminer vos dettes, de vous payer en premier ou d'investir avec prudence dans des produits accessibles, chaque pas compte. La stabilité financière ne naît pas d'un coup d'éclat, mais d'une série de choix cohérents qui, mis bout à bout, vous offrent davantage de liberté et de sérénité au quotidien.

Ce parcours est avant tout personnel. Il n'existe pas de stratégie unique qui conviendrait à tous. Vos choix doivent être alignés avec vos priorités, votre situation familiale, votre horizon de vie et votre appétence au risque.

Ce livre vous a proposé des repères et des outils, mais c'est à vous de tracer votre propre route, à votre rythme. Ne vous comparez pas aux autres, avancez selon vos moyens et vos envies. Une bonne gestion financière ne se mesure pas à la vitesse avec laquelle vous accumulez de l'argent, mais à la cohérence avec laquelle vous le faites grandir.

L'argent n'est pas une fin en soi, mais un levier. Il vous permet d'investir dans ce qui a du sens pour vous : un projet personnel, l'éducation de vos enfants, un changement de vie, un rêve un peu fou ou, tout simplement, la possibilité de vivre plus sereinement.

Une fois vos fondations solides, vous pourrez donner à votre patrimoine une dimension plus humaine, en soutenant des causes qui vous tiennent à cœur, en transmettant à vos proches ou en créant de la valeur autour de vous.

Ne sous-estimez jamais la puissance d'une décision bien posée. Même si vous commencez petit, même si vous doutez encore de vos compétences, le fait d'agir aujourd'hui est déjà une victoire sur l'attentisme. Le savoir que vous avez acquis n'aura de réelle valeur que s'il est mis en pratique.

Fixez-vous un objectif concret dès maintenant : revoir votre budget, ouvrir un livret d'épargne, commencer à investir régulièrement, ou simplement en parler à votre entourage pour partager ce que vous avez appris.

Enfin, souvenez-vous que la finance n'est pas réservée à une élite ou à ceux qui aiment les chiffres. Elle est à votre portée. Avec un peu de méthode, d'envie et d'accompagnement, chacun peut reprendre le contrôle de ses finances.

Ce livre n'est qu'un point de départ. Il vous appartient à présent de continuer ce chemin, avec curiosité, humilité et ambition. Je vous souhaite de belles réussites, de l'équilibre et, surtout, la joie de bâtir une vie financière à votre image.

Lectures recommandées pour prolonger votre parcours

La découverte de la liberté financière est souvent nourrie par les expériences, mais aussi par les lectures. Certains livres m'ont profondément marqué, non seulement parce qu'ils apportent des connaissances concrètes, mais aussi parce qu'ils changent notre manière de penser l'argent, le travail et la vie elle-même.

Voici ceux que je vous recommande chaleureusement. J'ai mis les titres dans la langue d'origine mais la plupart sont traduits en français. Chacun, à sa manière, peut enrichir votre réflexion et vous aider à avancer avec confiance.

Rich Dad Poor Dad – Robert Kiyosaki
Un ouvrage incontournable pour repenser vos croyances sur l'argent. Avec ses anecdotes simples et percutantes, Kiyosaki oppose deux visions du monde – celle d'un « père pauvre » et d'un « père riche » – et nous pousse à développer notre intelligence financière au-delà du salariat.

The Richest Man in Babylon – George S. Clason
À travers de courtes fables inspirées de l'Antiquité, ce livre transmet des principes simples mais puissants : vivre en dessous de ses moyens, investir régulièrement, et toujours apprendre à faire fructifier ce que l'on possède.

The Psychology of Money – Morgan Housel
Un regard captivant sur les émotions, les biais cognitifs et les comportements humains liés à l'argent. Housel nous rappelle que réussir financièrement n'est pas qu'une affaire de chiffres, mais surtout une question de discipline et d'état d'esprit.

I Will Teach You To Be Rich – Ramit Sethi
Un guide très concret, moderne, et accessible. Sethi aborde avec humour et clarté les étapes clés pour prendre le contrôle de ses finances personnelles, de la gestion des dépenses à l'investissement passif. Idéal pour celles et ceux qui veulent des actions simples et efficaces.

The Millionaire Next Door – Thomas J. Stanley & William D. Danko

Contrairement aux clichés, les vrais millionnaires sont souvent discrets, prudents et méthodiques. Cette étude révélatrice casse de nombreux mythes sur la richesse et montre qu'elle repose avant tout sur des habitudes constantes, pas sur le hasard.

The 4-Hour Workweek – Tim Ferriss
Provocant et inspirant, ce livre invite à repenser notre rapport au travail et au temps. Il ne s'agit pas de fuir la réalité, mais de créer une vie plus libre, en alignant nos efforts avec ce qui compte vraiment.

The Intelligent Investor – Benjamin Graham
Un ouvrage plus technique, mais fondamental pour celles et ceux qui souhaitent s'initier à l'investissement en actions avec rigueur. Graham y pose les bases de l'investissement « value » et de la gestion du risque à long terme.

The Millionaire Fastlane – MJ DeMarco
Un livre direct, provocateur et motivant, qui déconstruit le mythe de l'enrichissement lent. DeMarco oppose la « voie lente » de l'épargne traditionnelle à la « fastlane » entrepreneuriale. Un électrochoc salutaire pour celles et ceux qui aspirent à accélérer leur chemin vers la liberté.

Tout le monde mérite d'être riche – Olivier Seban
Un excellent point de départ pour comprendre les bases de l'indépendance financière. Accessible, pratique, et motivant, ce livre s'adresse à toutes celles et ceux qui veulent sortir du mode « survie » pour entrer dans une logique de construction patrimoniale.

En as-tu vraiment besoin ? – Pierre-Yves McSween
L'auteur, chroniqueur québécois, interroge avec humour et lucidité notre rapport à la consommation. Derrière chaque achat se cache souvent une insécurité, un automatisme ou un manque de réflexion. Ce livre pousse à consommer moins, mais mieux.

Liberté financière en 7 étapes – Émilie Veyretout
Un guide français qui propose un cheminement structuré vers l'autonomie financière, avec des outils concrets et adaptés au contexte francophone. Il est particulièrement utile pour celles et ceux qui préfèrent une approche progressive, adaptée à la réalité quotidienne.

Des bancs de la FAC à l'indépendance financière – Raphaël Carteni
Un témoignage inspirant d'un jeune entrepreneur parti de zéro. Carteni partage sans détour ses débuts modestes, ses erreurs, ses choix, et la manière dont il a construit sa liberté financière grâce à l'immobilier et au business en ligne.

Warren Buffett Speaks: 100 Ways to Invest Like the World's Greatest Investor – James Pardoe
Un recueil clair et synthétique des principes d'investissement du plus célèbre investisseur du monde. Idéal pour celles et ceux qui veulent s'imprégner de la philosophie de Buffett sans entrer dans une lecture trop technique.

Devenir rentier immobilier en partant de rien – Christopher Wangen
Un guide très concret pour construire un patrimoine immobilier rentable sans apport initial. Wangen y partage des stratégies applicables, avec des exemples tirés de son expérience, dans un langage simple et direct.

The Snowball: Warren Buffett and the Business of Life – Alice Schroeder
La biographie monumentale et autorisée de Warren Buffett. Au-delà de la fortune, elle raconte l'homme, ses choix de vie, ses valeurs et sa philosophie. Un récit dense mais captivant pour comprendre la construction patiente d'un empire.

Crypto 360 : le guide incontournable pour les débutants en cryptomonnaie – Hasheur
Une excellente porte d'entrée pour comprendre les fondamentaux des cryptomonnaies, leur fonctionnement, leur potentiel et leurs risques. Écrit par un expert francophone reconnu dans le domaine.

Investir pour être libre – Mounir Laggoune
Un ouvrage accessible qui aborde avec clarté l'investissement boursier, l'immobilier et la construction d'un patrimoine. Laggoune y défend une vision équilibrée entre prudence et ambition pour créer sa liberté à long terme.
Que vous soyez au tout début de votre parcours ou déjà bien engagé sur la voie de la liberté financière, ces lectures vous offriront des clés précieuses. L'argent n'est pas une fin en soi, mais un outil pour créer une vie à votre image. Continuez à apprendre, à vous inspirer, et surtout à passer à l'action.

Remerciements

Je tiens à exprimer toute ma gratitude à mes proches, mes collègues et mes amis, qui ont été les témoins bienveillants et les acteurs précieux de cette aventure.

Vos encouragements constants, vos conseils avisés et vos relectures attentives ont nourri chacune des pages de ce livre.

Chacun de vous, par ses idées, ses critiques constructives ou tout simplement par son soutien silencieux, a contribué à faire de ce livre une œuvre collective.

En ce sens, ce livre n'est pas seulement le mien : il est aussi un reflet des échanges, des discussions et des encouragements que vous m'avez offerts.

A propos de l'auteur

Pascal ROLAND évolue depuis plus de vingt-cinq ans dans le domaine de la finance internationale. Diplômé de l'École Polytechnique de Bruxelles et de la Solvay Brussels School en gestion et finance, il a occupé des fonctions à responsabilité au sein de grandes institutions financières et continue de contribuer activement à des projets d'envergure dans les domaines des marchés de titres, de la conformité et de l'innovation financière.

Parallèlement à sa carrière, il s'est formé au coaching et a accompagné plus d'une centaine de personnes dans leur parcours personnel et professionnel.

Un constat l'a particulièrement frappé : même parmi les profils les plus brillants, la gestion de l'argent reste souvent une source de confusion, d'angoisse ou de blocage. Que ce soit dans les milieux financiers ou lors de ses accompagnements, il a vu combien la relation à l'argent est rarement apaisée — et combien elle peut conditionner nos choix de vie.

C'est cette prise de conscience qui l'a poussé à écrire ce premier livre : un guide clair, bienveillant et accessible, destiné à toutes celles et ceux qui souhaitent reprendre en main leur avenir financier, même sans bagage préalable. Son ambition est simple : transmettre l'essentiel de ce que l'on devrait tous apprendre dès l'entrée dans la vie adulte — comment gérer, économiser et investir intelligemment, pas à pas, même quand on part de zéro.

www.ingramcontent.com/pod-product-compliance
Lightning Source LLC
LaVergne TN
LVHW050847051026
849532LV00006BA/2143